非洲孔子学院教师跨文化交际案例集

主　编　徐丽华　包　亮

编　者　钱明敏　薛晓彬　杨思思

江苏人民出版社

图书在版编目(CIP)数据

非洲孔子学院教师跨文化交际案例集 / 徐丽华，包亮主编. —南京:江苏人民出版社,2021.1
ISBN 978-7-214-16155-0

Ⅰ.①非… Ⅱ.①徐…②包… Ⅲ.①文化交流—案例 Ⅳ.①G115

中国版本图书馆 CIP 数据核字(2019)第 288695 号

书　　名	非洲孔子学院教师跨文化交际案例集
主　　编	徐丽华　包　亮
责任编辑	张　凉
责任校对	陈　菊
出版发行	江苏人民出版社
出版社地址	南京市湖南路 1 号 A 楼,邮编:210009
出版社网址	http://www.jspph.com
印　　刷	广东虎彩云印刷有限公司
开　　本	787mm×1092mm　1/16
印　　张	18.75
字　　数	143 千字
版　　次	2021 年 1 月第 1 版　2021 年 1 月第 1 次印刷
书　　号	ISBN 978-7-214-16155-0
定　　价	148.00 元

前　言

什么是跨文化交际？了解这个概念之前，首先有必要确认文化的内涵。文化最经典的定义来自英国人类学家泰勒：包括知识、信仰、艺术、道德、法律、习俗和任何人作为一名社会成员而获得的能力和习惯在内的复杂整体。所以，进行跨文化交际时，面临的问题会来自个人认知、社会环境的方方面面，两个乃至多个文化间的接触、冲撞、交融而导致的冲突会接踵而至，这是不同文化背景下人与人之间沟通理解的难题。

如今，遍布全球的孔子学院、孔子课堂的文化环境都是多元的，每一位在孔子学院工作的中方人员都会遇到交流中大大小小的跨文化问题；同时，民族中心主义、刻板印象、偏见、歧视等共同构成了跨文化的藩篱：民族中心主义造成的文化优越感会让我们有意无意地忽视其他文化的优秀之处；刻板印象会让我们看到无限放大的某个人群甚至某种文化的缺点；偏见和歧视往往会导致文化冲突的产生和加剧。

具体到非洲，这一情况可能更为显著。古希腊有一句有关非洲的谚语流传甚广："非洲总有新奇的事情发生"，这充分说明了非洲文化的独特性。在过去的几十年大众传媒飞速发展过程中，一些关于非洲的标签被固化下来，比如"原始的""野性的""落后的"等，这无疑是刻板印象的一种体现。所以当孔子学院、孔子课堂的中方教师们真正走进非洲、走近非洲的学校、走入非洲社会时，难免会受到以往的刻板印象、偏见甚至民族中心主义和非洲当地独特文化的双重影响，所以决不能低估孔子学院和孔子学院教师在非洲面临的跨文化的困难。

对于孔子学院的后来者或者其他要前往非洲的人士来说，了解先行者们遇到了什么，无疑是实现跨文化交际、促进教学和工作的很好的方法。鉴于此，孔子学院非洲研修中心在孔子学院总部/国家汉办的支持下搜集整理了近年来赴非工作国家公派教师的跨文化案例。世界教育案例之母、哈佛大学教授凯瑟琳·莫塞斯所说:“案例代表了真实生活的经历,因此只有当经历过它的人愿意与他人分享这些信息、观点和情况时,它们才得以存在。”“成为一个案例的主角意味着他的决定、行动和职业判断力会被许多人审查,有时是无情的审查。”所以,在此我们要首先感谢这些案例的撰写者,感谢他们真实地向我们展现了非洲的汉语教学课堂、非洲的交际环境和文化习俗。

本书收集的案例包括“文化活动组织与管理”“文化教学案例”“文化与交际”“非洲文化习俗”四个部分,均出自非洲汉语教学一线教师之手,大多数案例还有作者自己的解决方案和反思,非常真实地展现了非洲孔子学院文化教学、文化活动的情况和赴非教师们日常生活的场景。这些案例可以多途径地使用,如教师培训中,我们可以作为培训对象们练习分析、解决跨文化问题和进行跨文化教学决策的案例。

在汉语国际传播和孔子学院工作的实际过程中,文化差异带来的冲突还是难以避免的,我们所要加强的,是教师的跨文化理解的能力,理解不同文化、习俗的多元性，增强自身的包容性，正如哲学家查尔斯·泰勒所说，“所有文化都具有平等的价值”“没有一种文化比其他文化更优秀”。作为国内第一本非洲跨文化案例集，希望本书有所助益，同时请业界同仁指正、批评。

徐丽华　包　亮

2020 年 11 月

目　录

文化活动组织与管理

文化教学案例

文化与交际篇

非洲文化篇

文化活动组织与管理

伊斯兰国家中华文化传播过程中如何选择恰当的方式

赴苏丹公派教师　缑新华

2013 年 11 月至 2016 年 5 月，苏丹喀土穆大学孔子学院和喀土穆大学中文系每年都举办“苏丹中华诗歌朗诵大赛”“春节晚会”“世界大学生汉语桥比赛”等重大的文化活动，每次举行这样大型的文化活动时，都要讨论、选择苏丹学生参加的节目内容，如涉及酒文化的诗朗诵——李白的《将进酒》《月下独酌》等；舞蹈类节目中，穆斯林女生能不能跳舞？跳什么舞？中国志愿者可不可以在舞台上表演旗袍秀？在这几个文化活动中，苏丹学生谢文朗诵《将进酒》时，绘声绘色，形象生动，感情饱满，并恰当地加入了喝酒、摔瓶子等肢体表演动作，观众非常兴奋，全场轰动，使比赛达到了令人激动的高潮，他也毫无争议地获得大奖。但与此同时，苏丹的一些高层人士也提出了一些疑问：这样关于“酒”的朗诵表演在苏丹公共文化活动中，是否与伊斯兰的“禁酒”宗教文化教义冲突？再有，在面向苏丹穆斯林大众的春晚表演中，我们年轻的女志愿者可不可以表演旗袍秀？其实，在这些文化活动中，我们已经注意到了这些问题：苏丹是伊斯兰国家，是禁酒的，女性衣着和装饰是遮蔽的等。公共场合朗诵饮酒的诗歌，女生秀旗袍是否与伊斯兰教义违背，是否会引起观众的抵触？

就这些问题，我调查了一些苏丹人民：“怎么看待这些现象？是否伤害了穆斯林民众的宗教感情？”他们的回答近乎是一致的：“没有。这是中国文化艺术活动，是表演，不是真的要喝酒。”这样的调查结果，多少让我们感到欣慰，对大多数苏丹民众这种文化包容的态度表示敬佩！但是我们也思考了一些问题。

这些活动主要是喀土穆大学中文系和孔子学院学中文的学生及其家长、亲属参与，他们都比较喜欢甚至热爱中国文化，对汉语和中华文化比较了解和认同。如果这是一个面向苏丹全社会的大型公共文化活动，中国酒文化、女孩子旗袍秀等内容就不合适了。所以，从大局考虑，我们在苏丹的大型中国文化活动中，取消了有宗教禁忌的内容。现在在苏丹的活动更加稳妥、灵活、切合实际。

该如何选定学生参加赴华夏令营

赴莫桑比克公派教师　段伊若

对外汉语教师小 D 在国内某国际学校工作两年之后，选择到非洲莫桑比克孔子学院任教。因为小 D 的研究生专业为对外汉语，并且在国内有从事对外汉语的经历，所以小 D 对在孔子学院的教学工作充满了信心和期待，并且在出发之前，也做了大量的准备工作。

小 D 在孔子学院主要负责蒙德拉内大学汉语专业的综合课，蒙德拉内大学汉语专业是 2016 年初新开设的专业，吸引了大量学生前来报名和考试。专业班的 30 名学生，年龄跨度较大，来自各行各业，并且有着不同的家庭背景和不同的宗教信仰。学生普遍对学习比较重视并且尊重中国老师，对中国文化以及当代中国国情有浓厚的兴趣，有强烈的愿望和动机去中国留学。

蒙德拉内大学汉语专业严格按照大学的学分制对学生进行考核，满分 20 分，其考核内容设置详尽、严格。学期末，如果学生平时成绩能达到 14 分者则免考，未达到 10 分者则取消其考试资格，该学科必须重修，该考核制度极其重视学生的平时课堂表现、出勤率和作业完成情况。正式开课之前，任课教师就考核成绩构成向学生进行了详细的介绍和说明。2016 学年第一学期结束之前，汉语专业获得了 9 个赴华参加夏令营的机会，如何公平、公正、公开地分配这 9 个名额，是一个难题。此次赴华夏令营为全额资助，较往年对学生的吸引力更大，而汉语专业学生普遍家庭情况一般，很多学生都还没有出国的经历，此次赴华夏令营对所有学生来说都是一个难得的好机会。

赴华参加夏令营学生由任课教师进行推荐，汉语专业共分 5 门课程，综合、听力、汉字、中国文化概况和口语。5 名任课教师经过协商后决定每位老师根据平时成绩推荐学生。9 名赴华学生需品学兼优，热爱中国和中国文化，还需有一定的经济能力(学生需支付赴华签证费用 110 美金)。5 名任课教师根据学生的平时表现和成绩,分别推荐了 9 个学生。由于每名任课教师所教课型不同,所以 5 名教师推荐的学生名单只有个别重复,比如口语课排名靠前的学生在汉字课的排名就不尽如人意。因此任课教师的推荐名单只能当作参考。

在综合了 5 名任课教师的推荐名单后,大家一致同意 5 门课程平时成绩相加之后列一个排名先后顺序,前 9 名学生获得赴华参加夏令营的机会。在评定完学生的所有成绩之后,我把排名先后顺序和成绩发布在了班级公共聊天群里,随即有学生给我留言,说我的这种做法侵犯了他们的隐私,并且有学生委婉质疑我们的成绩单。在蒙德拉内大学,教师们在做好最终的成绩单之后,需由任课教师签字,并且还要第二行为教师和中外方院长签字并且盖章之后交由教务处由他们统一张贴告知学生。我们的这一做法着实在很大程度上没有顾忌到学生的感受和他们一贯所认同的成绩公布方式。虽然推荐学生时间紧迫,时间上不允许我们按照成绩发布流程走,但是不可否认,我在公布成绩这件事情上做得太过仓促和欠妥。

通过推荐学生赴华参加夏令营这件事情,我总结了以下两点:第一是教师要认真及时记录学生的平时表现并给出一个具体的分数，所有的成绩记录有据可查；第二是努力按照大学的规章制度推进汉语教学，就是所谓的"入乡随俗"，在特殊情况下，及时跟外方人员沟通协商并有选择地采纳他们的意见，大家共同合作，避免再出现类似的情况。

如何结合当地重大活动开展中国文化宣传

赴埃塞俄比亚公派教师　刘春雷

埃塞俄比亚大金马大学新年晚宴是针对全校外籍教师及家属的一年一度的重要的外事活动。晚宴一般由学校外事办负责组织安排，后勤处、车队等相关部门协办。同时校长、副校长、外事办主任等相关领导会全程出席，届时也将有学校新闻部门和部分当地媒体参加。时间一般定于12月31日或30日傍晚，从18时开始，至21时30分左右结束，晚宴会提前一周由外事办向全校5个校区的全部外籍教师发出邀请。举办地点一般是学校的合作酒店，并由酒店负责提供自助餐饮和投影音响等娱乐设备及活动场地。但2016年12月30日埃塞俄比亚仍处于为期半年的国家紧急状态中，因此本次晚宴由学校后勤处及教工食堂等部门自行组织安排，具体安排在农业校区的教工食堂，并有专车负责教师接送。

晚宴中的主要活动或节目是由外事办提前10天左右向所有受邀的外籍教师征集而得的，以庆祝新年为主题，以不同的国家民族为单位。活动的主持人一般由占多数的外籍教师代表承担。活动的具体内容包括：体现不同国家民族特色的歌舞，表演者与在场的所有观众间的有奖互动游戏，展示体现埃塞俄比亚与外籍教师国家间友谊的宣传片，或体现不同国家发展的宣传片。因此，新年晚宴是个重要的汉语教学推广项目，是汉语文化宣传的重要舞台，为教学点的汉语项目向广大教师、学校领导乃至媒体进行宣传提供了重要机会，也是让他们认识了解中国传统文化的难得途径。同时也能体现金马大学在国际化方面所做出的努力，体现中埃友谊的深化。

由于教学点成立不足两年，中方教师仅3名，虽然招生工作扎实细致，但教学点的影响力还相对较弱。由于中国在世界上的影响力日益增强，很多教师都想获得学习汉语的机会，金马大学的一些外籍教师对汉语教学项目还不熟悉,面向全校展示汉语教学项目及中国文化的机会也并不多见,因此,如何抓住这次机会、充分展示自我是值得下功夫充分准备的。

如何让汉语教学项目在金马大学有一定的知名度?如何形象生动地向广大教师推介汉语学习课程?如何在全校外籍教师及学校领导面前展示汉语文化的魅力?如何展示中埃友好的不断深化及“一路一带”的广泛影响?采取什么样的方式方法能够产生广泛影响力并留下深刻印象?什么样的形式和内容是大家喜闻乐见的,同时又能体现中国传统特色?

在年度新年晚宴这次重要的跨文化交流活动中,我们首先收集了41年前为当地百姓救死扶伤的梅庚年烈士的相关资料,打算在活动中对梅大夫的英雄事迹进行简要回顾,通过缅怀先烈展现中埃人民深厚友谊的珍贵历史。然后,邀请促进当地医疗卫生事业发展,促进本市电力事业发展,促进当地经济技术发展的中资企业负责人及代表,他们分别来自承建金马大学附属医院的中江国际集团公司、改造升级本市电网的国家电网集团公司、承建金马工业园的中国交建集团公司。这些特邀嘉宾也得到了学校外事办的同意,外事办也非常希望借此机会与中资企业建立联系，以促进校企间的合作与发展。中资企业代表的参与不仅展现中埃友谊的历史传承和进一步的深化发展，也体现了“一带一路”伟大事业的影响力。

如何拓展汉语教学项目的影响力，如何展示汉语文化更是至关重要。在晚宴活动中，我们设计的内容首先是以汉语教学的演示文稿开场，通过教授大家学习“新年好”等汉语祝福词和展示中国祝福新年文化的图片，不仅让来宾学习了简单的汉语表达，还让来宾感受到了来自中国的浓浓祝福，使他们对中国文化有了生动的体验，也体现了教学点的特色。在演示文稿的最后，还简要介绍了汉语教学项目及具体内容和联系方式。最后一句是来自教学点响亮的口号：语言是文化的桥梁，我们让汉语学习更简单、更有趣！这一节的展示让在场的各位领导和教师耳目一新，印象深刻。很多教师还留意并记下了我们的联系方式，在晚宴期间就有一些印度、菲律宾的教师询问汉语课程学习的事宜，我们都给予了热情的欢迎和详细的介绍。因此这一节的活动达到了教学点的预期效果。

下一节是中国功夫展示环节。首先，通过演示文稿结合令人振奋的武侠音乐展示了李小龙、成龙、李连杰等华人功夫巨星的酷炫照片，烘托了热烈的活动氛围，并强调他们都是“中国制造、世界闻名”。然后，结合生动有趣的图片让大家学习“武术”“功夫”“太极拳”“八卦掌”“形意拳”等汉语词汇，并介绍上乘功夫及内家拳需具备的几个要素：哲学、气功、技击等。然后与在场的观众互动，问大家想不想观看和学习，大家报以热烈的掌声。于是我在“太极张三丰”“霍元甲”“中国功夫”等功夫影视主题歌曲的伴奏下展示了“太极拳”“形意拳”“八卦掌”。观众不时报以热烈的掌声，台下还有外籍教师家的小孩专心模仿，外事办的领导也连声夸赞，顿时场上弥漫经久不息的浓厚的中国神韵和中国气场，将晚宴活动的气氛推向了高潮。

最后环节是小合唱，由中资企业代表和教学点的3名教师在MV的伴奏下共同演唱《北京欢迎你》。在演唱之前，我们首先表达了对学校支持汉语教学的感谢，然后表达了对金马市的热爱，因为常有外方教师和同学问及我们：金马市怎么样？因此在演唱前我们异口同声地说：这里有最好的气候，清新的空气，和善的人民，这里是人类的天堂。最后在书法、建筑、京剧、美食、剪纸、糖人等中国传统特色文化MV的伴奏下，我们共同献上一曲节奏轻松欢快的《北京欢迎你》。朗朗上口的歌声配以文化特色鲜明的MV以及热情观众的节拍，让晚会的气氛再次达到了高潮。

通过参与和组织这次年度晚宴活动，我们得到的重要启示有：

其一，对活动的性质有充分的认识，能够积极筹划并充分准备，设定活动的多重预期目标。此次活动是面向所有外籍教师的全校性重要活动，具有较大的影响力，此类活动本就非常稀少，尤其是埃塞俄比亚进入紧急状态后，很多大型活动都需要申请、审批、备案。因此，教学点非常重视该项活动，并积极筹划、充分准备。凡事预则立，我们将活动的预期目标设定为不仅要欢庆新年，还要增进中埃友谊，宣传汉语教学项目，展示中华文化乃至大国形象，以及扩大"一带一路"事业的影响力等。

其二，对活动的具体内容和形式进行精心的策划和演练。教学点对活动的内容和形式，活动的参与人员、活动的过程步骤进行了精心的策划和准备：什么样的形式能够引起共鸣；什么内容是观众喜闻乐见的；不能局限于单调的展示；需要哪些出彩的互动环节；如何充分调动观众的视听感官；如何对本地人民引以为傲的闪光点进行适时、真诚、谦恭地赞美；如何通过缅怀先烈、珍视传统中埃友谊并展现当今的务实深化合作；如何设计语言过渡环节与串场衔接；每一节活动的主题特色是什么；如何强化多媒体声光电的舞台艺术效果；甚至对于活动可能发生的意外也做了应急预案。最终，正是基于对内容形式等各方面的充分准备和对细节的扎实打磨，这一重要的跨文化交际场合，不仅增强了中埃传统友谊，还借势宣传了汉语教学项目并展示了中国传统文化，达到了预期的目标和效果。

其三，台上一分钟，台上十年功。功夫在平时也是这次活动的重要启示。活动成功的设计与展示并非都来自一时的灵感，更多的是来自平时汉语文化活动设计与组织经验的积累(如武术兴趣班的开设、增强活动趣味性的技巧经验、平时的武术练习等)，来自日常对埃塞俄比亚本土文化习俗的吸收和对中国传统文化的深刻体悟，来自对课堂外对祖国发展的密切关注，更来自祖国在世界舞台上日益增强的影响力。机遇青睐有准备的头脑，只要在日常工作生活中用心积累，自然会在机遇到来时从容把握。

塞拉利昂大学孔子学院与企业合作中的文化冲突案例

吴振雄

山东钢铁集团是一家跨国钢铁强企，世界 500 强企业之一。2011 年，山钢集团收购非洲矿业，成为目前塞拉利昂最大的中资企业，员工总数达 2800 余人。为了更好地践行服务当地中资企业的发展理念，2016 年 11 月，塞拉利昂大学孔子学院经过考察与协商，接受山东钢铁集团塞拉利昂矿业公司的邀请，分批对该公司 800 余名中高层管理人员进行汉语教育和中国文化培训。

然而，塞大孔院第一次与国际企业合作，就面临着很多挑战。比如，公司员工由于上白班和晚班，学习汉语时间不固定,每次学习的人员也不固定,上课纪律性不强等,但最明显的还是文化冲突问题。开课期间,尽管山钢集团管理人员对上课人员进行考勤,迟到、请假的现象还是经常发生。有的管理人员对中国的认识还停留在过去,对汉语和中国文化学习不以为意,甚至有一名留学英国的塞拉利昂管理层人员对汉语及中国文化抱有强烈的抵触情绪,她在公开场合表示学习汉语没有意义,对中国文化也毫无兴趣,称自己绝对不会参加汉语班的学习。

山钢集团塞拉利昂矿业公司是100%中国国企控股企业,希望当地公司的中高层外籍管理人员能够学会日常汉语,便于管理和交流,也希望通过中国文化影响外籍员工,缓和进而解决公司一直存在的劳资矛盾。塞拉利昂大学孔子学院除了教授汉语,传播中国文化,还有一个任务就是服务当地的中资企业。山钢集团塞拉利昂矿业公司和塞拉利昂大学孔子学院的合作看似很容易,山钢集团塞拉利昂矿业公司重视对员工跨文化交际能力的培养,而孔院拥有优秀师资、教学资源等天然优势,合作预期效果也应该很好,但为什么过程还是充满着种种挑战呢?

山钢集团塞拉利昂矿业公司过去隶属于非洲矿业,

加之塞拉利昂原是英国殖民地，受西方文化及意识形态影响深远，尊重自由和民主，强调个人权利和感受。

由于受到传统的西方思想文化和意识形态影响，外籍员工对中国的了解也不多，对汉语学习和中国文化存在误解，抱有偏见，很多观念还停留在过去的认识，更难以接受过去落后的中国现在成为他们的领导者，因此产生不少抵触情绪。再加上山钢集团塞拉利昂矿业公司对外籍员工的管理也有很多需要改进的地方，比如行政化管理中对中低层员工的尊重不够，中方管理层不重视以身作则，不积极融入当地文化等，因此文化冲突的发生在所难免。

孔院根据企业的实际情况，专门制订了渐进式培训方案，努力做到语言与文化并重，用孔子的“仁义礼智信”思想帮助构建企业文化，开设了基础汉语、孔子思想及中国文化、中国武术、太极、专业技术翻译等课程。我院克服师资紧缺的压力，每周轮流派出 1 名教师常驻山钢集团进行教学，期待通过共同努力，培养一批了解中国文化，既懂汉语又懂业务的专业管理人才，推动当地经济与人文领域共同发展。

自 2016 年 11 月开班以来，首批 200 余名职员参加了培训。执行3个月来，效果显著，其中11名员工报名参加了今年3月的HSK一级考试。通过学习，学员们对孔子思想、中国文化及企业内部文化有了更好的认知。中国武术、太极、剪纸等课程也让学员们进一步体验到中国文化的丰富多元。学员们表示，学习汉语方便了他们与中国员工进行沟通，拉近了彼此距离，同时也增加了对企业文化的认同。

轻松活跃的汉语课堂，中国特色的文化活动吸引了越来越多员工踊跃报名参加汉语文化班。"金杯银杯，不如学员的口碑"，那位曾留学英国，对汉语及中国文化抱有强烈的抵触情绪的塞拉利昂管理层人员，也开始带着好奇心，抱着试听的心态，第一次迈进汉语课堂。慢慢地，她体会到了用汉语与教师和同学们对话的成就感。汉语会话不仅使她与中国同事的沟通更加便捷有效，而且在交流中增进了感情。她说，学习汉语和中国文化的感觉真的很棒，跟她在英国的留学经历完全不一样。后来，很多跟她一样原本对中国和中国文化有偏见的塞拉利昂员工，在这位管理人员的鼓励下，加入了学习汉语和中国文化的班级。她也从原来的汉语学习的抵触者变成了汉语学习和中国文化的推动者。

碰到文化冲突的时候，学生的口碑就是最好的解决办法。中资企业和中方管理人员，也要尊重当地文化和生活方式，以身作则，积极融入当地文化，同时要用优秀的中华文化去影响他们，感染他们，让员工认同企业文化，缓和劳资矛盾，最终做到接受中华文化，和平相处。

同样，孔子学院教师也应该在不与当地文化和习俗相冲突的情况下做好汉语推广和文化传播。多在教学上探索创新，将互动体验充分融入汉语课堂，以形象生动的故事揭示“和而不同，求同存异”“仁义礼智信”等思想与时俱进的内涵，让学生在丰富多彩的文化活动中感受中国文化的博大精深，配合中资企业实现员工认同企业文化，融入企业文化，最终接受中国文化的目标。

中文俱乐部：
我在塞内加尔的文化推广小阵地

赴塞内加尔公派教师　孟祥宇

语言，是沟通的媒介，更是文化的载体。因此，我的工作既包括了语言教学，又脱离不了文化推广。汉语教学，我的阵地在教室；文化推广，我的阵地在中文俱乐部。达喀尔高等商学院是西非一所著名的私立商学院，成立于 1992 年。25 年的发展历程，25 年与世界各地名校的广泛对接，形成了该校重视学生自我发展、鼓励学生自我管理的良好风气。在这种气氛影响下，学生俱乐部成了校园内一种常见的学生兴趣组织。在我的班里，就有体育俱乐部主席、慈善俱乐部主席和英语俱乐部主席。既然如此，我为何不鼓励学生成立中文俱乐部呢？有了这样的想法，我和外方秘书以及学生们进行了沟通，大家一致赞成。很快，学院亚非中心给所有选中文课的学生和我发了邮件，就中文俱乐部管理团队选举进行了说明。

成立俱乐部

在规定的选举时间，学生们陆续赶到。达喀尔高等商学院的学生俱乐部组织与国内的学生会组织在结构上大同小异，有主席、财务、外联、活动组织等职位，此外，还有外事联络。所有的岗位都有正副职。此次选举是从具体的职能岗位开始，最后选主席。

选举开始后，每一个岗位学生们都积极对待，积极自荐，并就竞选做个人阐述。为了照顾我，大家全程用英文，当然也会穿插自己的中文展示。当每一位竞选人阐述完自己的想法后，就被要求去教室外等待，其他同学则在室内举手表决，依票数多少决定正副职的人选。选举很公正，也很顺利，每个人都有机会。当然，我不参与投票。

选举持续了一个多小时。中文俱乐部管理团队确认后，我们又对接下来的每周例行活动、中文日、中文周的内容进行了头脑风暴，做了大概的规划。

俱乐部例行活动

日常宣传。俱乐部能健康存在，离不开外界的广泛关注。成立之初，俱乐部主席、副主席、财务官和我多次到各个教室进行宣传。在高等商学院，学生们要是有事情要宣传，就得利用上课的时间挨个串教室，我就遇到过很多次。现在，却是我们要进去宣传自己的中文俱乐部了。副主席首先进了教室，跟教授解释了一下，征得他的同意后，我们就都进去了。两个负责的学生先用中文介绍了自己，然后就开始用法语宣传我们的俱乐部。学生们挺感兴趣，有一名成年学生还告诉我她去年刚去了内蒙古和北京，很喜欢中国。因为占用的是他们的上课时间，我们未做长时间逗留就离开了。一次次进门，一间间教室，多次的宣传，让其他学生更多地了解中文俱乐部。

日常活动。俱乐部的日常活动，多在每周六上午举行，不占用正常上课时间，每次都是一两个小时。这一两个小时的时间，学习是其次，传递与中文相伴的欢乐是主要的。比如，唱唱中文歌，做做游戏，开展座谈会，再比如，学生自己讲一讲。

说起唱歌，中华人民共和国国歌我是必教的。非洲学生节奏感强，善歌唱。看个视频，听个音频，很快他们就能掌握旋律，我要做的就是一句一句地给他们解释歌词的意思。因为有着相似的被奴役过的历史，学生们对中国国歌的理解很深刻。更深地了解彼此，才能更好地理解彼此。

至于游戏，"萝卜蹲"确实挺适合学中文的学生。萝卜在非洲很常见，学生可以在游戏的过程中了解颜色的说法，还能锻炼嘴皮子。几组学生玩到最后，很容易就把游戏中的话说得很流利。

座谈呢，就得找能与学生产生共鸣的客人，比如在中国留学的学生。在达喀尔有一些双语学校，这些学校的毕业生会去国外读大学，包括中国。我的学生，很多毕业于这样的双语学校，自然有在中国留学的同学。曾经，我们请来一位客人，穆罕默德，是东北财经大学的留学生。在活动现场，他用自己的亲身经历描述在中国留学的日子，自然吸引了昔日同窗。由他来介绍中国的高等教育，比我的说教可有意思多了。

至于学生自己讲一讲，就得找点儿有意思的点了。春节期间，讲点儿传统文化，就是不错的点，比如十二生肖。活动之前，俱乐部副主席夏荷爱搜集了一些十二生肖的内容，加之之前上课的时候我也给他们讲过相关知识，因此内容准备还算充分。活动时，对照着投影内容，相关属相的学生分别给大家做着介绍，我呢，则给予更正和补充。让学生了解属相，最大的困难是让他们理解中国是个农业国家，对家畜有着天然的喜爱。再一个就是对龙的理解。我的方法还是从农业入手，让他们意识到水对农业的重要性，而中国的龙是水龙，不是西方社会传说中邪恶的火龙。这么一讲，学生们对中国人尊崇龙这一现象也就茅塞顿开了。

俱乐部专题活动

俱乐部的日常活动每周都举行，举行得多了，内容积攒得足够了，也就可以举办一些专题活动了，比如俱乐部开放日。

俱乐部成立以后，最重大的活动就是“开放日”。

俱乐部是学生的俱乐部，一切都得靠自己。为了筹办活动，预算是要有的。按照惯例，学校会给一部分，但远远不够，还得靠俱乐部成员交特殊会费和我的个人赞助。其实，活动的顺利筹备，除了需要经费，更重要的是有一批热爱中文俱乐部的学生。

开放日当天，大家齐心协力地准备。在广场上，悬挂出“欢迎来到达喀尔高等商学院中文俱乐部”的横幅。横幅用中英文书写，点缀有中塞两国国旗和京剧脸谱等中国元素。在室内，女生们忙着布置中国照片墙、悬挂图画和彩带，男生们则忙着把椅子从外边运来，把红灯笼挂上屋顶，把音响接插妥当。另一波学生则在准备午餐。

在非洲搞活动，每一次都离不开就餐，食品的准备是一大问题。但只要有了真心热爱中华文化的学生，问题就会迎刃而解。我的一个学生就让他妈妈准备了 100 个所谓的 Pain-Chinois，直译过来就是中国面包，一种类似油炸水饺的主食。还有一名女生，她虽然没能选上我的中文课，但喜欢中国，积极参与中文俱乐部的活动，她让她的朋友赞助了 100 人份的粉丝凉菜。我呢，就比较省事了，准备了 100 人份的铁观音茶。吃的喝的就都准备齐全了。

活动从演唱中华人民共和国国歌开始。因为学生们已经利用多次俱乐部活动时间学唱了国歌，所以现场演唱时气氛还是很热烈的，也是很令现场观众惊讶的：这帮学生竟然会唱中国国歌！随后是宣传片的播放。我们播放了一部中国各地风光的延时摄影高清视频。本来刚唱完国歌，观众们还很兴奋，但随着风光视频的播放，现场真的静了下来。好多学生对中国原本的印象多是古装片里展现的传统习俗，或是新闻里播出的经济高速发展，他们从未想象过神州大地会是如此的奇丽壮阔。

随后是太极拳和太极推手表演。太极拳由我演练，太极推手则由两名学生完成。值得一提的是，由于学习位置有限，其中一名表演的学生没能选上中文课。但很幸运，学校还有中文俱乐部这样一个平台可以更多地吸引和帮助学生了解汉语，了解中华文化，他也因此得到了跟我习练太极推手的机会。

开放日的活动，有展示，也有让大家参与的集体活动，比如“离你远近”“萝卜蹲”和“听 san 抓手”等中文游戏，大家情绪高涨。热热闹闹的开放日活动，一次持续两个多小时，是集中展示中华文化，展示学生汉语素养的好机会。

结束语

在国内教学，教师会注重课堂内外相结合，兴趣动机相结合。在海外教学，更不宜把关注点全部放在课堂上，全部放在知识的传递上。虽说知华才能爱华，殊不知爱华才会知华。借助中文俱乐部这样一个平台，寓教学于活动，寓爱华于知华，可以有效利用课堂外的时间，可以用小活动凝聚人心，提升兴趣，对汉语推广起到举足轻重的作用。

中华武术教学推广之路

——武术课被纳入中学体育课

赴布隆迪公派教师　王梅灵

中华武术，也叫功夫，因各种传播途径的开拓，近年来影响力逐渐扩大，国外武术爱好者日益增多。布隆迪，一个非洲小国，经济落后，人民朴实，与外界的交流较少，但提起功夫，几乎人人都或多或少听说过，可见功夫在海外的传播和推广是有成效的。

2012 年，孔子学院开设武术俱乐部，开始为孔子学院武术爱好者教授武术。但几年来推广缓慢，受众也不太多。经过不懈努力和探索，直到 2017 年 5 月，孔子学院在布隆迪的武术推广有了全新的面貌。本案例主要以布隆迪大学孔子学院吉特教学点的武术教学开展情况为例,回顾一年来在该地区如何采取不同推广措施,让更多的人了解中国武术,爱上中国武术的过程。

短短半年的时间,通过采取各种武术推广方式,我们在吉特加圣母中学、吉特加中学、特瑞莎中学、穆欣泽拉中学和热吉娜中学先后开设武术课,经过多次沟通,校方也接受了我们的提议,在各校原定的体育课时间让我们可以进行武术教学。当地体育老师也加入进来,与中方教师组织各类趣味体育竞技活动,用于热身,活跃气氛。布隆迪学生的体育课内容比较简单,无非就是打篮球、踢足球、跑步等,可以说很多时候都是日复一日地重复这些内容。

从今年5月起吉特加教学点中华武术课打破俱乐部的形式,正式融入吉特加中学教学点体育课,实现了中学体育课和中华武术的完美结合。吉特吉功夫学员数量超过600人,中国功夫的影响力逐渐提升。

10月8日,布隆迪大学孔子学院吉特加教学点在农学院校区举办了首届“武林大会”中国功夫比赛。来自两所中学、两所大学的20名武术学员参加了本次比赛。布隆迪大学孔子学院中方院长以及两名公派教师、吉特加教学点的3名志愿者教师出席了本次比赛。这次功夫比赛是该教学点建立一年多以来首次举办的功夫比赛，也是孔子学院首届武术比赛。本次比赛旨在增加学生对中国武术文化的了解，提高学生学习汉语的热情，扩大中国功夫在布隆迪的影响力。本次比赛初赛100余人，经过两周的选拔，最后有20人进入了最后的决赛。现场观众90余人。选手们选择五步拳、连环拳和小洪拳为展示内容，按照不同拳术划分为3组依次进行比赛。选手们的动作十分规范，在场的观众送来了阵阵掌声。最后来自吉特加中学的伊凡赢得了一等奖。目前，孔子学院吉特加7个教学点已开展功夫课，功夫课已成为吉特加教学点的一个特色，成为吉特加人了解中国的重要窗口。

还记得两年前刚到布隆迪时，我常常被我的学生问："王老师，在中国，人人都会武术吗？"当时我的回答是，武术是中国文化的重要元素之一，在中国有很多武术表演团、功夫演员，但不是人人都擅长武术。2015年，孔子学院武术学员或更多的武术爱好者对中国武术的认知只停留在李小龙、成龙、甄子丹、李连杰等功夫明星以及类似五步拳、太极拳等若干个武术套路上，因为这些东西是外在的，很容易被人们捕捉到。但我能确定，我们的武术学生当时并不了解中华武术的精髓是什么，它所蕴含的文化意义是什么。问题出在我们这里,不能怪学生。作为中国文化的传播使者,我深知要改变这种情况就必须多动脑筋,努力探索更好的推广方式。之前几年的武术推广仅仅依靠武术教学,加上武术老师跨文化交际能力有限,从未开展过专门的武术讲座。

2017 年 2 月我们孔院迎来一名武术志愿者教师,人年轻、有活力,也有相关教学经验。但我们同样面临困难,那就是该教师外语能力有些薄弱。面对此情况,原来所做的所有计划都无法实施,武术推广工作计划重新调整。作为孔子学院教学点总负责人,我很清楚,打开吉特加(布隆迪第二大城市)武术教学的局面将大大提高我们的办学效率,对周边的中学以及其他院校起辐射作用。我恨不得自己也是武术老师,能够承担起这个重担。在与新任武术老师多次协商交流之后,我们想出了一套行之有效的推广方式。

我这个门外汉也开始亲自加入武术推广行列中。我个人感觉传播文化是个难啃的硬骨头。要把中国文化的方方面面清晰地表达给外国朋友,不仅需要具备丰富的知识储备,更需要灵活的应变能力、敢于创新的魄力和胆量。关于武术,我们除了给外国朋友展现武术在外观上的刚劲有利，还要注重介绍武术内在的精髓。

功夫不负有心人，随着武术课在各教学点的推广，本年度武术体验普及程度大大提高，涉及人数大大增加。截至目前，孔子学院在首都和吉特加武术课共已覆盖13个教学点。中国功夫课一方面满足了孔子学院学生对中国功夫的渴望，另一方面也极大地激发了他们学习汉语、了解中国文化的热情。

传统文化与科技结合
才益于非洲人民接受

赴贝宁公派教师　张龙飞

案例一：戏曲是中华传统文化的艺术瑰宝，为了在贝宁推广戏曲文化，让学生深入了解戏曲文化，孔子学院举办了一个戏曲专场讲座，介绍了中国不同地区的不同曲种、唱腔、服装、脸谱着色等，尤其是京剧的角色生旦净末丑，以及表现形式唱念做打。并在之后播放了京剧、黄梅戏、越剧、昆曲等不同曲目。但同学们纷纷表示并不喜欢，他们关心的是衣服的样式和颜色，脸谱的图案和打戏中的“功夫”，这些是他们乐于接受的。很多人中途便退场了。

案例二:文化中心举办了一场“汤显祖和莎士比亚跨越时空的对话”,来参加活动的有很多人,他们来自各行各业,以学生居多。除了展板展示的内容,还有戏曲服装的展示、曲目的放送等。最引人注目也是人们停留时间最长的就是VR眼镜展示的中国园林建筑的体验区,来参观展览的人纷纷排队等待体验,热闹非凡。体验结束后,参观者不停感叹科技的力量。

第一次活动的失败和第二次活动的成功引发了我的思考。同是戏曲文化的介绍,为什么差异这么大?我觉得有以下原因:

1. 戏曲文化是中国传统文化的积淀和传承,是由古代历史故事及小说编排的舞台类艺术形式。这其中涉及中国的历史文化,是中国古代生活的缩影。如果不了解中国历史,恐怕欣赏起来会觉得无聊、无趣。再者,戏曲的唱腔有很多种,但大都不是普通话,是由各地方言表现的,那对于只学过普通话的贝宁学生来讲,是一个很大的考验。听不懂也就不足为奇了。如果单纯以戏曲为切入点,学生接受起来就很困难。毕竟,在非洲也有类似的表演,如巫毒教的宗教仪式,也是一群人在身上涂上颜色,装扮一定的形象,又唱又跳。这样学生会对戏曲产生误解。这是案例一中活动失败的主要原因。

中国的功夫电影享誉世界,其实世界上很多国家都是通过功夫电影认识了解中国的,非洲贝宁也不例外。他们对中国人的认识貌似是,只要是中国人都会功夫,更有甚者认为中国人会飞。Bruce Lee,Jakey Chen,都是他们的偶像。所以在戏曲中,只要有武打的戏份,他们就会异常的兴奋。在活动的展示中,不妨多给学生看一些武戏的曲目,这样一来他们有兴趣观看就不会觉得无聊了。

2.在案例二中,同样是戏曲活动,却收到了不一样的效果。我想原因有以下几点:首先,在前期宣传上,活动以中国古代戏曲作家汤显祖和享誉世界的英国文豪莎士比亚做比较,两人同是写戏曲的高手,时代背景不同,却在艺术上产生了共鸣,光这一点就吸引了很多人的眼球。其次,在活动中,有真实戏曲服装的展览,参加展览的人员可以合影留念,这对参展的人来说也是一种动力。最后,最重要的一点,活动中为参展的人员准备了VR视频体验区,这对贝宁人来说绝对是以前没有接触过的,现实和虚拟的结合使贝宁民众非常喜欢。戴上VR眼镜观看特定的中国园林建筑,可上可下,可左可右,可以前进可以后退，身临其境的美让他们感觉就像在中国的园林里散步。对于相对落后的非洲大陆来讲，这已经是高科技的产物了。并且在活动结束的时候我们还将小型 VR 眼镜作为礼物送给每一个来参加展览的人。这是一种交互式的活动，双方都能参与，与案例一的活动相比较，多了观众的参与、体验。这对活动的成功有莫大的帮助。

3. 非洲的教育、科技相对落后，他们渴望新的技术、事物来改变提升自己的生活质量。所以在推广中国传统文化的过程中并不是那么顺利。传统文化在我们看来是瑰宝，在贝宁人眼里这只不过是你的一段历史罢了。他们最想看到的是中国现在的改变，中国现在的科技，中国现在的现状，并想学习利用中国人的方法改变他们的世界，这是他们所关注的焦点所在。所以在推广中国文化的同时不妨利用一些高新技术产物，抓住学生的好奇心理，才能更好地推广中国文化，服务于汉语教学。

神奇的中国扇

佚名

中国优良文化推广应该是汉语老师的神圣责任，如何把这个使命感落到实处却是一个非常有挑战性且有意思的事情。今年我在我任教的毛里塔尼亚首都努瓦克肖特做了一次尝试，以中国传统的折扇和团扇为载体，让当地人和我的学生们有了一次认识中国、体验中国的独特的机会。

毛里塔尼亚这个国家对中国人是比较友好的，他们对中国文化有很浓厚的兴趣。但是就是机会很少。由于贫穷落后，人们的文化消费水平很低。这里很少有公开的文化娱乐活动。人们每天工作学习，每天五次礼拜。

遵守严格的穆斯林规定,不喝酒,人们通常显得保守。加上这里气候炎热,人们室外集体活动很少。这里物价高,经济来源不多,做事情的成本很高。在这样的情况下要想搞活动就得动脑子了。

有一次在系办办事,系办助理对我说:你们中国老师好像只是上课,怎么没有活动啊?别的国家的老师经常搞活动的。这些话对我触动很大。本来我也一直想搞活动的,苦于没有经费,加上上面提到的原因,所以迟迟不敢动作。今年5月份的时候我受邀参加了一所法国学校的文化活动,那个活动丰富多彩,有很多社会人士受邀参加活动,学生们兴高采烈,活动非常成功。这促使我决心也来搞一次活动。

那搞什么样的呢?怎么搞呢?那所法国学校有政府和校方资助,活动搞得很大。我没有经费,每天还要花很多精力上课和应付日常生活上的问题,要想搞太大不是很现实。有一天我给学生上课,遇到一个生词"扇",然后我给学生展示了网上搜寻的扇子的图片,有折扇,有团扇,学生好像明白了,说他们也有,只是形状很简单的方形,下面有一个手柄,就像一面旗帜的样子。我说中国也有扇子,很漂亮,但是学生好像并没有我预期的那种感觉。回家后我告诉爱人，她是美术专业的老师，她说可以给我的学生一把画有漂亮花鸟的折扇。

这个事情给了我启发，我们为什么不搞一次画展，把扇子也一同展出？我爱人在闲暇的时候画了不少中国画，山水花鸟自然风光书法什么都有。我们一拍即合，马上开始筹划。

没有经费怎么办？我们选取了一家当地很知名的艺术中心，他们售卖来自世界各地和本地的艺术家的作品，有手工作品，有画，有时装设计；活动很多，有摄影展，有画展。我们不求赚钱，只求宣传一下中国的文化。刚开始打算免费提供作品，但是中心老板说免费不好，西方人观念中不太接受免费的东西。于是我们与这个中心签订协议，中心负责宣传策划，代卖作品，中心提取收入的百分之十，剩下的归我们个人。

在炎热的气候里，过程是辛苦的，但是充满着期待和愉悦。我们托人从国内以相对比较低的价格批发了一些团扇和折扇，爱人在上面临摹了代表中国特色的山水花鸟，写意、水彩，有的上面写上中国书法，凸显精美的中国元素，每当一件作品完成，我们就有一种愉快的感觉。我一方面沟通中心做画展布置，一方面协助中心联系各方，还提供翻译和资料给中心。我们前前后后忙了两个多月。

两个多月后，画展终于如期举办。画展为期两周。开幕那天，中国驻毛里塔尼亚使馆武大使和孙展参赞莅临现场，说这是中国画家首次在毛里塔尼亚当地举办这样的活动，对我们的活动给予了肯定。毛塔的有关媒体还做了报道。画展期间有很多中国文化爱好者来参观了画展，很多人还买了中国特色的扇子作为留念。还有一些欧洲人和毛塔本地艺术爱好者请求我们教他们画中国的水彩画，他们对中国特色的水彩写意技巧很感兴趣。

我的学生们也参与了这次活动，通过这个活动他们说中国扇子原来是这样子的，真的很漂亮很有意思，真的没有想到还有这么多有趣的东西在里面。关于中国扇子，他们了解到了很多知识。

关于扇子：扇子是引风用品，是夏天很有用的东西。中国汉族扇文化有着深厚的文化底蕴，是汉民族文化的一个集成部分，它与竹文化、道教文化有着密切关系。历来中国有“制扇王国”之称。中国扇子的起源很早，商代就有扇的雏形。

中国古代扇子的种类非常多，但真正被藏家所垂青的，只有折扇和团扇两种。折扇收则折叠，用则撒开，故又称“撒扇”。折扇产生时间虽较迟，其重要性却极大。它携带方便，是文人雅士的宠物，所以又有“怀袖雅物”的别号。团扇的产生远早于折扇，因形状团圆如月暗合中国人合欢吉祥之意，又名“合欢扇”。又因其由丝织物制成，故又称“纨扇”或“罗扇”。更由于唐人王建《调笑令》中的名句“团扇团扇，美人并来遮面”，而产生了“并面”“便面”和“障面”的雅称。在扇面上作画写字的习惯，三国时就有，《晋书》记载了王羲之为蕺山老姥题扇的故事。在扇面上作书绘画历来被人们所喜爱、所收藏。由于扇面形态独特，文人墨客苦心经营，别出心裁，依据扇面形状绘制出千姿百态的图画，抒发出令人赏心愉快的语言诗句。当今书画藏品中的历代名人佳作以成扇或扇面为形式的作品数量不少，成了书画艺术的珍宝。

在历史上，中国扇子曾流传日本、欧美等国家，并对这些国家的扇子生产甚至宫廷礼仪都产生一定的影响。早在唐代，中国绢扇就传入日本，并在日本宫廷内流行。清代初叶，中国折扇大量出口日本。16 世纪初，中国折扇传入欧洲。17、18 世纪，折扇已经成为欧洲国家宫廷中订婚、结婚、加冕、欢庆胜利、国王病愈、葬礼、舞会等礼仪的礼物或纪念品。

我把上面的知识结合画展实物，以他们能接受的程度和方式给学生们讲解，学生很快就明白了主要的意思，有些不懂的字词借助实物展示和特定语境也能明白个大概。

通过活动学生对中国文化更加有兴趣了，学习汉语的积极性更加高了。同时，通过这次活动我们也收获很大。经费上最后虽然没有赚钱（原本也没有打算赚钱），但是销售的作品保证了所有的花费。这也给了我一个启发，以外国人能接受的方式传播中国文化，效果是更加明显的。通过活动我明白了，汉语推广工作不是为工作而工作，而是一个显示民族自豪感和民族精神的事业。我们的民族有这个创造力，我们要展示给世界，作为汉语老师，展示技巧也是一种创造力，消极等待甚至敷衍都不是汉语老师应该有的态度。

介入“青年之声”：
如何借力美国在塞内加尔的文化推广

赴塞内加尔公派教师　孟祥宇

我工作于达喀尔高等商学院，一所西非著名的私立商学院。该校重视文化的融合与语言的培养，与多个国家的驻塞使馆合作，开设中、英、法、日、韩、印尼等语言课程。在这样一个平台，我得以一窥各国在西非一隅的文化推广。今天，聊一聊美国。

一次偶然的机会，学校一名当地教师跟我谈起她要参加一个名为“青年之声”的演讲比赛训练营，训练营设在玫瑰湖。为了了解当地文化活动的组织形式，同时也有私心想趁机了却我游览玫瑰湖的心愿，我就试探性地询问是否能让我跟着训练营一起体验一下。没想到在征询过主办者的意见后，我顺利地获得了邀请。

“青年之声”是一项国际性的活动，聚焦于社会问题，着力于年轻人的培养，在多个国家屡次举办。在塞内加尔玫瑰湖的训练营，是第一期训练营，接下来，还会在圣路易等地举办多次。随着赛程的推进，参加各期集训的队伍会因一轮轮的淘汰赛而不断减少。“青年之声”演讲比赛有十六所大学组队参加，每队三名学生。至于是本科学生还是研究生，就不限制了。这项赛事，聚焦塞内加尔的社会问题，涉及创业、旅游、交通、卫生等方方面面的议题，由学生提出解决方案，两两辩论，直至最后一支队伍胜出。

玫瑰湖离达喀尔不远。在预定的日期，所有人员在海滨广场集合，搭乘会务组的大巴出发。车队从达喀尔到玫瑰湖先走高速，再穿乡越镇，终于在跋涉了两个多小时后到了湖边度假村。度假村由一栋单体的接待中心、一栋单体的餐饮会务中心、一处圆顶吧台舞池建筑和十几栋圆形尖顶住宿楼组成，其中每栋住宿楼是两层，每层两个房间，楼梯在建筑之外。选择这样的集训地点，组委会考虑周详。因为是在旅游淡季，包下整个度假村费用并不很高，而且有大型的室内场所，也有宽敞的室外空间可供利用。队员们两两一组共享一个房间，我和此次活动的电视制片方兼主持人亚历克斯共居一室。主办方告诉我，此行所有人都是与人合住标准间，不存在任何区别对待。

三天的集训时间，学员们接受了素质拓展训练、演讲训练和社会问题解决的训练。训练从早晨七点半开始，半小时的晨练，然后是一小时的早餐；上午的课程从九点到下午三点，然后是一小时的午餐；下午的课程从五点到晚上九点，然后吃晚餐。这样的三餐安排，确实是标准的塞内加尔习惯。晚饭之后，尽管已经接受了满满一天的培训，学员们个个表示很累了，但他们却不会休息，因为能歌善舞的非洲人不会放过任何一个聚会狂欢的机会。晚饭后的时间，是舞会时间，这是一场场持续到凌晨两点的舞会。

我此番得以随队前行，是因为我答应主办方培训期间可以在每天晨练时教大家太极拳，这也是训练营负责人利嘉与我商量的结果。利嘉是非洲裔美国人，中学的时候就选修了法语和中文。她告诉我，那会儿中文在美国还不是很流行，对于她选学中文，很多人都觉得不可思议。但是现在，他们都觉得她当时确实做了明智的选择，因为现在了解中国对美国人来说已经太重要了。凭借着中文和法语的优势，大学毕业后，利嘉去了上海交通大学教了两年英语，又在巴黎待了两年，现在，则又来到了塞内加尔这个法语国家帮助推行“青年之声”演讲比赛，一待又是一年多。

早晨的锻炼，开始于七点半。为了热身，我七点钟就来到了酒店的院子。早晨，风很凉，得穿外套。在寒风中我自己打着拳，远处，有学生正从玫瑰湖边跑步回来。因为只是短短的两个早晨，我不可能教会大家拳架，所以我把重点放在了传递太极阴阳变化的理念上。我带领大家一起练习太极推手，体会化解外力、顺势而为；我带领大家一起单练云手，体会阴阳翻转、重心互换。其实，说实话，教拳是假，更多的是，我想让来自塞内加尔十六所高校的青年才俊体会中国人特有的包容、内敛、不主动攻击的性格，更多地展现我们的中国梦，我们中华文化所重视的与人为善、和谐发展的理念。

早晨的锻炼只是一个小小的热身，全天的集训才是训练营的重点。三天里，学生们先后经过了拓展训练、演讲技巧训练、领导力养成、社会问题解决等模块的集训。

这些不同环节的训练，皆由主办方聘请的专家主持进行。受制于自己的法语能力，课程讲座我也就仅仅是能弄明白大家谈论的主题，好在素质拓展我能看明白个大概。训练营的素质拓展项目由达喀尔高等商学院的教师萨勒主持进行，内容包括小组托举酒杯、背身后倒同伴托举、集体搭建木桥、集体绑腿步调一致齐上楼等内容，跟国内的同类培训大同小异。但是，有一个项目很特别，那就是多声部合奏与演讲相配合的项目。全体学员以小组为单位，在同一节奏下，承担不同声部的伴奏，配合着随时进出的演讲，声音渐弱渐强，充分体现了团队配合，而且很好听。这个项目结合了当地歌唱特色和演讲集训的主题，令人印象深刻。

集训的每一天，从早晨七点半到晚上九点，学员们都待在度假村，强度很大。到了最后一天，学员们终于迎来外出的一天，是到相邻镇上去做公益活动。

学员被分成两拨，一拨去清真寺打扫厕所、挖蓄水池；另一拨到诊所打磨墙皮重新粉刷外墙。我随着一部分队员到了诊所，干活之前领了口罩和砂纸。先是打磨墙面，之后是外墙粉刷。粉刷时有专业的油漆工帮忙调乳胶漆，学员们则乐此不疲地拿着滚子沾着涂料在墙上滚来滚去，低处还好说，高处就得由女学生骑在男学生脖子上来完成了。在清真寺的一拨人也不轻松。几个女生蹲在地上，用消毒液仔细洗刷着卫生间的地面和便盆，男生则在不远处已经一人多深的坑里不断挖着，扩建一个蓄水池，毫不吝惜自己的力气。

最后，忙了一天之后，大队人马在领队的带领下在各个场所检视自己的劳动成果，并回到已经被粉刷一新的诊所。在诊所不大的院子里，大家合影的合影，洗脸的洗脸。说话间，一辆路虎揽胜停到了门前，这是一位政府官员到场了。在他的讲话声中，此次“青年之声”组织的社会公益活动画上了圆满的句号。

按照日程，当天晚上七点我们要出发回到达喀尔，结束三天三夜的训练营生活。因此，回到度假村后，大家稍事休整便又再次集合，十六支参赛队两两一组抽取了下一轮比赛的题目以便回去后各自准备。之后，享用完酒店准备的甜品简餐后，大家骑车回城。

“青年之声”这样一个涉及全社会，涉及各个高校的赛事，吸引了很多赞助商，其中不乏美国驻塞内加尔大使馆的身影。此次活动，所有经费由各个企业赞助，参赛队伍不花一分钱。活动协调人是说法语的非洲裔美国人，培训内容与讲师的邀请都由协调人领导的小组负责。整个活动,都在队员的母语环境下完成。

在塞内加尔一年多来,我深刻地感受到,对于本国文化的推广,无论哪个国家,都在不遗余力地进行,只是方法各有不同。英国文化中心打着低价牌推行着雅思的培训与考试;德国歌德学院则一如既往地用高昂的学费筛选着真正需要学习德语的人群;韩国韩合社乐此不疲地建着一个又一个韩语角;日本协会则让教师一专多能地四处传播日本文化;至于美国,更是不显山不露水地直接影响年轻人的思维和处事方式。

埃塞俄比亚的中国电影周

赴埃塞俄比亚公派教师　刘春雷

2017 年 11 月、12 月间，由于埃塞俄比亚不同民族和州之间的矛盾升级导致了奥罗莫州和索马里州之间的武装冲突，同时也导致了金马大学部分学生进行罢课、游行、示威等抗议政府的活动，学校因此停课数周。汉语课程也受到了影响，不仅停课干扰了正常的教学秩序，即使在 12 月底恢复上课后，汉语 HSK 证书班的很多学生也不能按时出勤，学生流失率大幅攀升。为此教学点准备面向全校学生开办“中国电影周”的文化活动，以此增强汉语课程班的影响力，提升学生的出勤率。

另外，金马大学所在城市相对落后，类似中国的偏远村镇，没有完善的电影放映设备和资源，没有专门的国别电影展映活动，但通过网络很多学生和教工都很熟悉中国的功夫电影。同时，电影也是了解中国文化的重要渠道，尤其是一些优秀影片。因此，也许通过中国功夫巨星的动作电影及优秀中国电影展映，不仅能传播中国文化，提升文化魅力，还能扩大汉语教学点的影响力，吸引更多的学生学习汉语，了解和认同中国文化。

如何在现有的条件下扩大宣传？如何筛选优秀影片？如何增强活动过程中的互动？如何协调各方人员、资源以保障活动的有序开展？如何提升汉语课程的吸引力？如何精心设计开幕式、闭幕式等活动环节？所有这些问题都围绕“中国电影周”的文化活动如何组织开展，才能实现扩大汉语教学点的影响力，吸引更多学生学习汉语，了解并认同中华文化这一目标。

影片的选取

电影是世界各国大众都喜闻乐见、生动活泼、易于接受、印象深刻的文化传播形式，尤其是优秀的影视作品不仅能打动人心、引起共鸣，更能促进不同民族间的文化理解与认同。但影视作品在高效传播文化、扩大影响的同时，由于表现手法的夸张、虚构，题材的片面、单一也容易误导大众，形成刻板印象，造成消极影响。因此，针对题材类型众多的影视作品进行精心选取、仔细甄别尤为关键。

首先，影片应是能够反映中华优秀文化的，同时也是在世界范围内广为人知的，具有一定影响力，这样才更易于理解、接受并认同。例如，武术、饮食、围棋、书画等。其次，要考虑受众的偏好，影片应是广大学生所喜爱的。在日常教学过程中，通过与学生们的交流得知，很多功夫巨星在当地也是家喻户晓、深受喜爱的，如李连杰、成龙等。同时，也有很多学生关注中国的现实问题，现实题材作品也是能受到多数学生欢迎的。最后，还要考虑到语言障碍问题，所选电影应配以英文字幕，便于学生理解。

基于前期策划和调研以及现有的条件，教学点选取了四个代表作品：其一是根据真实事件改编的现实罪案题材电影《解救吾先生》；其二是反应中华饮食文化和都市生活的《决战食神》；其三是由李连杰主演的寓意止戈为武的动作电影《霍元甲》；其四也是李连杰主演的反映民族精神的动作电影《精武英雄》。

电影海报、票务的制作和宣发

为了增强宣传效果，教学点首先精心制作了电影海报，不仅注明时间地点、免费观影、领票地点、主演信息、英文版公映海报的剧照、影片类型题材等关键信息，还标明了开幕式、闭幕式的活动内容，并根据放映厅的座席数制作了上百张电影票，并告知通过电影票可免费参加武术俱乐部并注册为会员。

为了扩大影响力，教学点还提前3天通过多种渠道立体宣发“中国电影周”活动。主要渠道有：通过twitter、facebook等社交媒体发布活动信息；通过学院的电子告示板滚动播放中国电影周广告；通过汉语课堂向学生发布广告；在图书馆、餐厅门口、宿舍门口等人流密集的地方张贴广告。

资源协调

活动需要人、财、物、时间、场地等各方资源的统筹协调。从放映厅、放映时间的安排到放映员、开幕式演职人员、媒体报道人员的报酬预算，从开幕式的舞蹈、武术节目的排练到闭幕式有奖竞答的奖品购置、规则设计等，每一个环节所需要的资源支持、方案审核等都要进行多方的沟通协调，还要以公函的形式向外方主管人员报批并完善应急预案，并统筹协调各方资源来具体实施活动方案。在教学点精心策划、周密组织以及各方积极筹备下，活动时间定为2018年1月15日至18日的四天时间(19日是当地的重要基督教节日“主显节”)，每天的18:00—20:00。放映地点是人文社会学院的B401多媒体报告厅。

开幕式和闭幕式

开幕式首先安排了由人文社科学院戏剧艺术系的学

生出演的当地民族舞蹈秀，热辣活泼的民族舞蹈将开幕式的氛围推向了高潮，引来学生们长时间的喝彩，鼓舞了学生们参与的热情。然后则是中国功夫秀，由我向学生们展示武当剑、太极拳、八卦掌等中国传统内家武术套路，也引来在场的学生们阵阵喝彩，表演后告知同学们在18日的闭幕式上会成立金马大学武术俱乐部，欢迎广大同学相互转告，届时踊跃报名，学生们也积极响应，并非常期待成为俱乐部成员。开幕式期间教学点负责人崔蓬克老师还介绍了教学点的概况，介绍了汉语课程项目、汉语桥活动、孔院奖学金项目等，同样也引来同学们的广泛关注和极大兴趣，同学们积极询问相关问题，老师们则予以耐心解答。最后是有奖竞答环节，即通过观看开幕式的首场电影，来竞答电影中出现的文化知识，其中涉及"苹果在中国的寓意""春节吃饺子的传统"等。观影后同学们兴致盎然，积极抢答，并产生了最终的优胜奖。

闭幕式的主要活动是中国知识有奖竞答。20道选择题中涉及中国的国旗、世界最高的山峰、最早的援埃医疗队队长、为埃塞医疗事业献出生命的大夫、中国的首都、中国的国土面积、中国的万世师表、山字的象形字、教学点成立的时间等。公布答题规则后，同学们踊跃有序参与抢答，现场气氛十分热烈。最后一项活动是在一场令人血脉偾张、豪气冲天的功夫电影《精武英雄》后开始的，即金马大学武术俱乐部成立，现场进行会员注册。在同学们积极踊跃报名注册中，“中国电影周”活动圆满结束。

通过“中国电影周”活动的成功举办，我深刻认识到：精心策划、周密组织、精诚协作是活动成功的关键。首先，未雨绸缪，精心策划可以避免走弯路，并达到事半功倍的效果。例如，此次活动借助精心挑选的同学们喜闻乐见的中国电影，将汉语课程项目、教学点宣传、武术俱乐部成立进行了有效绑定，达到了预期效果，此外后期还将武术俱乐部与汉语 HSK 过级、汉语口语练习相结合，以强化语言学习与文化相结合的目的。

其次，周密组织反映在活动的每一个细节上，细节决定成败。例如，在活动宣发中为增强效果和扩大影响，要选择多渠道立体宣发，同时突出“免费”和“提供中文字幕”等学生们比较关注的信息；活动要避免与当地的重要假日冲突；活动要进行周密的调研，以喜闻乐见的影片和开幕式的舞蹈秀、武术秀来吸引广大学生参与；有奖竞答的题目设计，竞答规则设计和奖品设置都要独具匠心，在提升文化活动价值品味的同时，也留下好的口碑，为下次活动开展打下基础。

最后，精诚协作是人和的基础。协作体现在方方面面：教学点内部的充分讨论，达成共识；与外方管理者沟通协调，形成方案，统筹资源；与出演舞蹈的学生、放映人员、学院媒体报道人员、安保人员等广泛沟通；等等。只有各方人员的积极配合、团结协作，才能确保活动的成功举办。

当饺子遇到木薯

佚　名

在汉语教学中，有些词汇和汉字单纯的记忆可能有些困难，如果通过实践，利用相应的物品去帮助学生们记忆，这样往往会取得事半功倍的效果，这次的案例就是一个鲜明的例子。桑给巴尔广播孔子课堂趣味汉语比赛是2014—2015年我们桑给巴尔广播孔子课堂一项重要的活动，此次活动的内容涉及如何运用汉语去解答问题，运用相关中国文化知识去理解并解答老师给予的问题，还包括中文歌曲、诗词朗诵等多方面内容。这次活动能让学生在游戏中、在比赛中使用、巩固汉语，对帮助他们学习汉语、了解中国文化，具有十分重要的意义。

整个比赛是一场大的趣味性游戏比赛，其中一个环节是队员们配合猜图片卡给出的图案的中文名字，也就是一名队员比画，另一名队员用中文猜出其意思，猜对三个可以过关，进行下一项趣味比赛。

队员一是比画的队员，队员二是猜词的队员。

队员一：老师，我们可以选择图片卡吗？

老师：不可以，但是如果你猜不出或者觉得有困难，可以放弃这张图片卡，继续下一张图片卡。

队员一：哦，我明白了。

队员一：一种食物，白色的就像是木薯。（队员一抽中了一张印有饺子的图片）

队员二：Wugali（当地一种用木薯做的食物）。

队员一：不是啊，中国食物。

队员二：？

队员一：上次老师在课堂上给我们介绍过，还做过一次的。

队员二：茶？

队员一：不是，是白色的。（犹豫一会）哦，它的皮是用木薯做的？（学生以为饺子皮是木薯做的）

队员二：皮是木薯做的，白色的？那是什么啊？

队员一：里面有肉，或者蔬菜。外面是木薯。

队员二：哦，Adazi（另外一种当地的食物，这种食物木薯包着肉和蔬菜，炸出来的，不过炸过以后是黄颜色的外皮）。

队员一：不是，是中国食物，是白色的。

队员二：？

老师这时忍不住了，提示道：这种食物的外皮不是木薯做的，是小麦做的。

队员二：可我们吃的食物都是用木薯包着的啊？

老师再次提醒，给你们介绍过的一种中国美食，需要用面粉和水和在一起，同时还做出擀饺子皮的动作，最后还做了包饺子的动作，其中一名队员突然想了起来，喊：哦，我知道了，是饺子对吧。最后因为不符合游戏规则，两名队员虽然猜了出来，但是也不得不放弃了这道题目，选择别的题目通过了趣味游戏。后来，他们专程回来告诉我们，说："老师，你们上次给我们介绍过饺子，可我们毕竟没有吃过，没有自己亲手做过，所以一直以为只有木薯可以包蔬菜或肉类，不知道还有别的食物可以包。"我们都哈哈大笑说，好的，有机会我们带领学生一起动手做一次饺子，并让每个参加的同学都品尝一下，只有这样才能让中国饺子这样的美食牢记在学生们的心中。

这次活动举办得非常成功,通过丰富多彩的趣味比赛游戏,让学生通过一系列既有趣味又有比赛性质的活动,参与此次趣味汉语比赛。游戏内容涉及汉语的听说读写四个方面,也有大量中国文化元素,既可以让学生在比赛中进一步锻炼自己使用汉语的能力,又可以体验到中国文化,让学生进一步掌握已学的汉语知识,提高学生学习汉语的兴趣,丰富学生的课余生活。同时我们了解到,学生对语言的掌握与文化的理解是分不开的,而我们的文化就是我们的生活、我们衣食住行的方方面面,今后如何通过这些看似平常的日常生活来教会学生认识中国的文化,从而帮助他们学习汉语,是一门新的学问。生活对语言的感受、认知、学习、发展,是活生生的,实实在在的,最具有魅力与渗透力的,课堂教学与生活联系起来,学生就会学得有滋有味。让课堂走向生活,让生活走进课堂,教师和学生在生活化的课堂中利用简单易懂的生活语言去教与学,能调动学生结合生活来学习语言,切切实实地体现课堂因生活而精彩,也充分突显生活是课堂之源。

文化教学案例

武术教学：相对于“强身健体”，学生更看重武术的“攻击性”

赴布隆迪公派教师　刘云英

武术课在布隆迪大学孔子学院的基特加教学点是一个全新的项目，从开设伊始就非常受学生的欢迎。由于受中国功夫电影的影响，在布隆迪人的观念里中国人都会飞檐走壁，刀枪剑戟斧钺钩叉十八般武艺样样精通。与中国人学习武术用作强身健体的目的不同，布隆迪学生学习武术更注重其攻击性与速度性，也就是武术的实用效果。

武术课在开展之初，学生就提出要求，要学习实用性而非健身性的武术，他们更多的是为了有效攻击。布隆迪学生学习武术的目的和观念与中国有很大不同。学习武术是一件很严肃的事情，其出发点应该是自我保护和强身健体，而非搏斗攻击。如何扭转学生对于武术的认知是教师面临的首要问题。武打动作的喜恶问题实质上是文化观念上的不同。行为方式的不同反映出上层建筑的差异性。因此想要让学生从根本上扭转学习武术的观念与态度，还要从根本上来解决问题。

首先，在招收武术学生的时候，要首先从汉语学习者中选择。汉语学习者经过了汉语语言的学习，对于中国文化有一个初步的认识。因此对中国文化观念的接受更为容易，对于武术学习的目的也更为理解。其次，要定期举办关于武术的文化讲座。从武术的起源、发展、现状逐一进行讲述，逐步向学生渗透中华民族是一个和平友爱的民族，行为处事遵循着以和为贵的思想。因此学习武术并不是为了攻击他人，而是为了保护自己。最后，和学生分享身边真实的因为学习武术而受益的案例。耳听为虚，眼见为实，让学生在现实生活中有一个直观的感知。只有看见了真正的效果，学生们才会有兴趣，积极热情地学习一种不同于他们本民族文化观念的武术。

武术教学不仅仅是教授功夫，更重要的是一种跨文化的传播。通过行为方式的不同碰撞，折射出思想观念上的异同。跨文化交际是一个十分复杂的问题，在实际教学过程中应该充分考虑学生所处的社会大背景与生存环境。武术的教学在一定程度上会受到影视作品的影响，而影视作品中，尤其是李小龙的电影往往有着浓厚的时代背景气息，让学生误以为那是中国人日常生活的方式。所以武术的教学不能一提到中国功夫就只想到李小龙，武术也要与时俱进，展现出新的活力。

上课不能教舞蹈和歌曲

赴坦桑尼亚公派教师　张　伟

穆斯林大学，作为一所开设汉语课程的宗教大学，来此教学的汉语教师毫无疑问都要遵守穆斯林的规定。但是在一次教研会上，有的本地老师认为中国老师来穆斯林大学后，让很多穆斯林学生变得很现代（modern）了。部分学生说上课不能教歌曲，下课也不能辅导学生舞蹈之类的娱乐活动，尤其是女学生。不让教歌曲，不让教舞蹈，那中文歌曲大赛和汉语桥比赛怎么办？

经过与校方确认，没有上课不让教歌曲的规定，也没有不让学中国舞蹈的规定。部分穆斯林老师对我们汉语老师有偏见，因为他们的学生接触到外面的世界，现在部分穆斯林学生，包括女生在内，对于不同的问题有自己的判断，这让不少男穆斯林教师觉得自己的地位受到了挑战。当今世界进入互联网时代，人手一部手机，信息又普遍网络化，学生会根据教师的教学和自己的需求进行比较，什么样的生活方式、什么样的价值观，他们自然会有所选择，自然变得 modern 了。

对于宗教问题，任何强加于人的内容，我们可以拒绝接受。但是在与有宗教信仰的学生和教师交往的过程中，我们也不会去直接反对他们的观点，或者采取激进的方法去反驳对方的要求，而是求同存异，提前解释具体的情况，以免造成不必要的误会。

敏感问题,四两拨千斤

赴南非公派教师　岳　磊

在汉语教学中的政治敏感话题一直不可避免,无论是面对家长还是面对学生,这常常让汉语教师面临两难境地。我觉得可以从立场、方法、目标三个方面来解释对外汉语教师在面对政治敏感话题时的文化中介能力,以期提供一些不一样的解决思路。

在面对敏感话题时,汉语教师应该持有怎样的立场呢?实际上,最好的立场就是:没有立场。只需转述双方的观点,完成双方的互相沟通即可。

在我任教的过程中,学生和家长提出敏感问题的初衷,大部分的情况下并不是为了激怒我们或者故意让我们尴尬,而是他们真的想了解一些社会事件是怎么发生的。他们自己也知道,他们接收的信息,是被媒体加工过的,也因此他们想知道更多的信息。所以,首先,要提供给学生足够的信息量。所谓足够的信息量,不仅是新华网或《人民日报》的专栏,而是各方观点。在讨论的过程中,教师只是一个主持人,他也没有立场,而是引导学生表达观点,或者在特别极端的言论面前,给出一些评论,提醒他们没有看到和想到的地方。在一节课后,很多学生表示他们对这个问题的想法和以前不一样了,也有的学生还坚持自己原来的想法,但他们也承认,别的说法也有道理。

文化中介的目标是什么?或者说学习外语的最终目标是什么?这是每一个对外汉语从业者都应该思考的问题。前几天微博上一直在讨论法国的高考作文题和中国的差别,也有人说,法国的教育是要培养伟大的心灵,而中国的教育旨在培养对社会有用的人。我理解的外语教学的最终目标,或者说汉语教学的最终目标,应该不是培养一个可以说流利的汉语但是对中国充满很多偏见的"有用人才"。我们更希望看到的是,他通过学习汉语,了解并理解这个世界还有不同的运转方式,他知道这个世界的和而不同,并因为这“和而不同”的丰富和多样而对世界怀着赤子般的好奇心。

茶文化的交融和差异

——中国茶 cha 和桑给巴尔 cha-i

赴坦桑尼亚公派教师　李晓洋

桑给巴尔岛上的居民有喝茶的习惯。当地人把茶叫作 cha-i，跟中文中茶的发音 cha 非常相似。我猜想，也许是几百年前远渡重洋的郑和舰队来到了东非海岸，把茶叶带到了桑岛，就此中文里茶 cha 的发音在当地人的口口相传中转化成了 cha-i，这个发音就这样代代相传在桑岛沿用至今。桑岛茶是桑岛饮食文化的重要组成部分。当地人喜爱饮茶，一日三餐离不开茶。桑岛茶种类繁多，有深咖啡色的红茶、味道醇香的奶茶，还有用当地特有的植物柠檬草泡制的淡绿色口味清爽的香料茶……这些茶造就了独具特色的桑岛茶文化。而中国作为茶的发源地，茶文化可谓源远流长，影响遍及全球。茶在中国也是深受中国人民喜爱的饮品。中国茶也具有种类繁多的特点。但是，在制作工艺、冲泡方法和口味方面，中国茶与桑岛茶有着很大的差别。中国和桑给巴尔都有各自独特的茶文化。就这一点而言，两国既有共性，又各具差异。

两个国家分别代表着两种不同的茶文化。两个国家的茶在种植领域、制作工艺、冲泡方法和口味方面各自有着怎样的独特之处？两国的茶文化又存在着哪些相通之处？在传播中华传统文化的时候，通过什么样的宣传形式，才能让学生们感受到不同的文化之间是相互融会贯通的，彼此既存在相同之处又有着各自的独特之处？这是对外汉语教师在文化推广的过程中需要不断探索的课题。

以茶文化为主题的中华文化课将分为两课时来进行。第一课时主题为“我来说说桑岛 cha-i”。学生们通过小组合作的方式为自己国家的茶代言、做宣传。学生分成四个小组，以小组为单位分别就桑岛茶的种类、制作方法、冲泡方式和口味四个方面展开介绍。组员们分工合作，之后，几个组依次进行展示。通过这种形式，使学生们对桑岛茶文化的理解更加系统化。第二课时主题为“欢迎来尝尝中国茶 cha”。以第一课时里学生们展示的内容为基础，介绍中国茶在种类、制作方法、冲泡方式和口味四个方面的特点，将中国茶和桑岛茶进行对比。利用相同的模式，阐述不同茶文化之间的共性和差异，这样更易于学生们接受和理解。

虽然，国与国之间有着不同的历史和政治环境，但在全球范围内，很多文化都有着同一性。对外汉语文化教学，是一个兼容并蓄的过程。我们应该从同一性出发，引导学生去感受不同文化的独特之处，从而实现不同文化群体之间的相互了解、相互借鉴和相互学习。

犀牛角与中医

赴南非公派教师　王振宇

我在南非开普敦大学教授汉语，使用《新实用汉语》，其中一节课关于中医，介绍中医的课程时，课本中提到很多中药取自植物、动物和矿物。有的同学提到，听说中国人总是把犀牛角作为一种名贵的中药，并经常违法去猎杀犀牛来获取犀牛角。学生对犀牛角的功效提出了疑问，并对非法猎杀的行为表示不满。

我的解决方法：(1)承认犀牛角的确在亚洲，尤其是东南亚地区曾作为一种药物，主要用于强身健体。(2)猎杀犀牛违法，国家和老百姓都不支持。(3)犀牛角成分很普通，现在用牛角代替。类似的还有用牛骨代替虎骨。

(4)传统文化影响较多。

现阶段的教科书都会注重将语言知识与文化内容有机地结合在一起,学生在学习语言知识的同时,将相关文化做简单了解。本书的文化内容明显是想通过书中主人公看中医而治好了自己的病这一事件,来引申出中医独到的理论和诊断方法。书中还将中医与西医进行了粗浅的比较,让学生能够从整体上对两种医学流派有所了解。

而中医除了传统诊断方法的望闻问切外,还有就是其内容繁杂、形式多样的中药。来自中国文化或者东亚文化环境的人,从小对中医比较习惯,也大致理解其某些理论,所以一般不会对诊断内容和用药有其他理解。而受西方文化影响的国家和地区,西医讲求精准,注重数据,重视实质的特性,那里的人们对中医往往不理解,甚至误解。

学生发出这样的疑问正是由于对中医的不了解所导致的。而教师就要利用有限的课堂时间,精要地解答这个看似比较棘手的问题。由于在上课之前,我了解过一点犀牛角的知识,所以当学生问及此问题时能够在较短的时间内做出回应。首先我先澄清矛盾焦点并非“中国人”,中医的确会将犀牛角作为一种药材,但是实际上在现阶段的中国，人们并不推崇这味药材。反而是受中华文化影响的东南亚地区对此有很大需求，认为犀牛角有着某种神奇的功效，因此，大多数的犀牛角非法交易实际上发生在东南亚。

而在问题的性质判断上，我需要明确立场并阐述国家政策和态度，猎杀犀牛角这种行为肯定是违法的，是需要受到法律制裁和舆论谴责的，这一点是毋庸置疑的。同时，要向学生介绍中国明文规定此类活动是违法的，这种观点还具有广泛的群众基础，以此表明，中国以及中国民众是坚决反对此项违法活动的。

而针对犀牛角的功用，我介绍了犀牛角的成分其实只是角质层，与人的指甲没有什么区别。而在现代中医中，一般用牛角代替。同样的例子还有用牛骨代替虎骨等。由此让学生了解，现代中医其实并不是他们想象的那样囿于窠臼、固守传统、不思发展、不与科学研究相结合。

最后，教师需要说明，猎杀屡禁不止的根源其实是有这方面的市场需求，这种需求的根源就是传统文化对人们观念的影响。亚洲地区虽然现在大都是现代社会，讲求科学，但传统文化的烙印仍然很深，有一些文化中的糟粕仍然存在于很多人的观念中。这种观念驱使某些人会对犀牛角产生购买需求，进而催生猎杀的肮脏交易。遏制猎杀，根本上是要改变人们的观念。

在汉语课堂上，面对来自不同文化的学生时，这样的文化冲突时有发生。我们不能寄希望于此类事件不会发生，而是要学会沉着冷静地面对问题，找到解决方法，将矛盾化解。更重要的是，在备课时和日常生活中丰富自己的知识储备，对可能出现的问题进行一定的预判，做到心中有数。

关于课堂提问中的中阿文化差异

——如何利用和诱导学生好问的特点

佚　名

我任教于阿尔及利亚军事外语和翻译学院，教学对象主要是阿尔及利亚军事系统的军官。课程的类型主要是汉语精读课和汉语口语课，基本都是入门课程。因为我是第一任汉语教师，主要是以口语教学为主。中国学生通常在课堂上比较腼腆，不大主动提问，但阿尔及利亚学生又过于好问，课堂上总是此起彼伏地问问题。

阿尔及利亚军事外语和翻译学院班级设置比较小，我的汉语口语课是15人，课堂里不是学生不太愿意主动开口说话，而是过于喜欢说话，而且特别喜欢问一些和课文不相干的问题。比如，第一堂课问："Sir, I love you. How to say I love you in Chinese?"而且不举手就发问，未经老师同意就发问，甚至是好几个人同时问，有问："Sir, how to say go weewee in Chinese ?"引来哄堂大笑。"Sir, what is kingkangcheng in China?"刚刚有同学问过的问题，下一个同学继续问同一个问题，讲了第二遍，第三个同学又问同一个问题。

爱问问题，喜欢跟人聊天交流，这是阿尔及利亚人的共有性格，这对语言学习很有帮助，这也就是为什么阿尔及利亚是个语言学习的神奇的地方，这里的学生基本上都会3门以上的语言：阿拉伯语、法语和英语。还有的学生会更多的语言，如柏柏尔语、西班牙语、汉语等第四门语言。我主要采取了以下几个方法来充分利用这个特点：

规定与课文没有关联的问题，在课堂上不予回答，课后单独留下，单个回答学生的问题。要求学生与课文无关的问题课后来问，不要在课堂上问。出现几个同学问相同的问题时，这说明后面问问题的同学没有认真听讲，所以我的方法是让前面问同一问题的同学给他讲解一遍，如果继续有第三个同学问同样的问题，我让其他同学一起给他讲一遍。

在我讲解单词或者是讲解课文的时候，要求学生安静地听，我会在尽量短的时间内阐释清楚，每个环节会专门留时间鼓励他们提问，如果没有问题了，我再进行互动练习或者是教读、示范。学生的问题相当有特点，有时问得老师措手不及，比如否定词“不”和“没”有什么区别。备课尽量充分，讲述一定适当得体，把学生可能出现的问题先解释清楚。针对他们喜欢提问的特点，让学生两人一组进行自由的课堂口语交际练习，一问一答，我再四处巡视做指导。这样既模拟了真实的语言交际环境，也可以让学生自由发挥进行横组合和纵聚合的替换练习，尽量每一环节都让学生有机会问问题。

通过上述方法，既满足了他们求学好问的特点，不忽略每个学生的问题，又充分调动了每个同学的汉语学习积极性，课堂秩序也更加井然有序。

关于汉语学习过程中的文化迁移案例分析

赴尼日利亚公派教师　邢俊伟

我所在的教学单位是尼日利亚海军培训中心，学员均为海军官兵，在教学管理、课堂纪律、行为礼貌等各方面均较好。在学生学习过一段时间后，我发现他们会不断地创造出一些新的语句和词汇。比如，在学习了“新年快乐”之后，学习发明了“新月快乐”；在学习了“谢谢”之后，你会发现学生可以把“谢谢”用到各种环境中；在学习了动词“是”之后，学生经常会把“是”挂在嘴边，回答各种牛头不对马嘴的问题。针对这样的问题，我在课上课下纠正过很多次，但仍然会出现，而且每批学生都会出现同样的问题。对此，我有两个思考：一是对中国人来讲，几乎不会出现这种现象，为什么在这儿会出现？二是如何解决这样的问题？

第二语言教学的迁移现象在任何一门外语学习中均会出现，就好像中国人学习英文一样。尼日利亚人在新的一个月开始时，总会相互问候“Happy new month”，而这样的表达在中文中是没有的。所以，在学生学过了“新年快乐”这样的同句型表达后，就会产生语言学习的迁移，他们以为也可以有“新月快乐”这样的表达。其实这个句子本身无论在语法上、句式上都没有任何问题，只是在中国人的语言文化中，并没有这样的表达而已。

随着现代文明的发展，我们的日常生活中使用“谢谢”的频率不断增加，尤其是在工作环境中。但作为一般中国人，你肯定不会天天跟你的父母兄弟姐妹说“谢谢”，那显得太见外了，一家人还怎么生活啊。但在尼日利亚或者在西方国家中，他们在家人中间说“thanks”并没有任何问题，而且在尼日利亚，家长会把说“thanks”特别强调一下。这样，学生在学过中文“谢谢”之后，那简直是无所不用其极啊，你的一举一动都会得到“谢谢”的回复。

对此，我认为，我们可以有以下一些解决方法：(1)鼓励语言学习的迁移现象。无论是中小学生还是成人，在中文学习中都会有迁移的现象。尤其是成年人，他们的文化、思维等各方面均已成熟，有自己的分辨能力，更有利于使用语言迁移的学习方法。(2)鼓励学生创造出更多的句子。其实，学生以自己的语言习惯用中文造句会出现很多问题，就像中国人发明的英文句子"long time no see"和"no zuo no die"，非常的本土化。但随着时间的推移，你会发现这些句子也不断地使用在英文国家。中文的灵活性、丰富性和自我发展的能力更为强大，我们不应该阻碍或禁止学生创造属于他们自己的使用方法。如果学生在使用新的句子碰壁多次后，他自然会了解这样说不对，进而改变。(3)强调语法结构的完整性。新句型使用是否合理，要看是否基本符合中文的语言规则。在多数情况下，对于初级的学生来讲，语法错误比较多，在这个阶段需要更多地强调语法的规范性，即使使用了一些不合习惯的句子也是无可厚非的。

总体而言，我认为在教学中鼓励学生使用迁移的语言学习方法，让学生自己在不断地试错中改进，同时强调学生学习的语法规范性(成人)，个别时候出现不合习惯的中文表达也是无可厚非的。

开罗大学中文系 2017 级
硕士研究生“中国文化”课程建设

赴埃及公派教师　刘　星

关于中埃经济政治和社会文化发展这个话题的讨论，已经成为我与埃及学生在课堂上的常态化的交流项目了。应该看到，在经历了埃及 1·25 革命多年后，埃及社会至今仍然没有摆脱社会动荡和经济危机。现在国家仍然处于紧急状态中。因此，他们在思考着埃及发展问题时，很多人对埃及国家发展前景感到迷茫。反观中国党的十八大以来的发展成就，尤其是“新四大发明”的出现，使他们对中国发展的成就所依托的发展道路产生了强烈的兴趣。对此，我所讲授的本科以及硕博课程中，对每一届学生的教学中都会引入中国历史文化与中国发展道路问题的讨论，借此与埃及学生就此话题，设计出关键词，与他们展开对话与交流，促进埃及学生认识中国的发展道路的选择与成功之处，并不断总结文化交流对话后的经验成果。

埃及与中国同属于四大文明古国，历史上有过极其辉煌的成就。但是，阿拉伯人进入埃及后，埃及所呈现的是阿拉伯文化和伊斯兰文明。从近代文化历史发展看，埃及受到英国的殖民，不可避免地受到外来文化的影响，但在阿拉伯文化与伊斯兰文明最基本的核心价值观上，丝毫没有动摇过，并且延续到独立后的今天。在经历了穆巴拉克长期的执政后，由于解决不了伊斯兰文化与世界文明之间的紧张关系，其内部社会经济政治发展停滞不前。在穆兄会推动下，终于爆发了推翻穆巴拉克政府的1·25革命。然而在1·25革命后他们发现，很多问题并没有得到解决，社会暴力不断，人民的生活也并没有改善，所以他们开始反思：半个世纪以来依赖外部援助的埃及发展道路是否还走得通。进而，学生会对比我们中国的改革开放和现在的创新发展成就。他们看到，我们中国原先也比较落后，和埃及人的生活也差得很远，但是这些年，尤其是党的十八大以来，发展得很快，出现了新的“四大发明”，而且社会保持安全与稳定，并没有出现大的社会问题。这引起了埃及学生的好奇，他们开始考虑，除了以往的国家发展道路，是不是还有别的方式可以探索，中国的发展道路究竟是一个什么样的与众不同的成功发展道路。

首先应该看到中华文化和文明历史与埃及阿拉伯文化和伊斯兰文明历史存在着许多差异，要促使学生认识到中国的发展道路必须从中国发展道路的理论自信和文化自信这两个方面去认识，尤其是用事实予以证明。在课堂中介绍中国发展道路时，主要回答：中国的发展道路是如何选择的，在曲折中如何坚持一路走来的？走上这个发展道路取得了什么样的成就？当下中国经济显示的“L”型发展以及供给侧改革所带来的历史机遇是什么？如何越过发展的“中等收入陷阱”阶段？中国提出的“一带一路”的内涵是什么？中华文化对人类命运共同体建立的积极作用，以及对世界经济文化政治发展有什么样的影响？

对此，我们有以下启示：(1)在课堂中要客观地介绍中国发展道路的理论依据和文化经济政治发展成就，在理论和事实方面予以呈现，不要试图改变对方，不要让对方按照我们的思维、我们的文化去考虑埃及社会的发展问题，而是双方交流，相互了解对方，在实践中调整促进学生超越阿拉伯文化和伊斯兰宗教文化，开始对中国的发展道路进行认识与理解。(2)埃及学生，尤其是研究生阶段的学生很希望能够全方位了解中国的政治经济社会发展，选派一些在中国思想文化与哲学方向做研究与教学的中国教师来国外大学中文系教学，等于打开了一扇窗，他们非常欢迎。而且他们认为我们的文明发展道路是有传统的，相继不断的，社会经济政治发展水平也比较高。他们愿意从学习我们的语言开始，了解中国的发展道路理论和中国文化、文明。

同时，我们建议如下：(1)每个汉语教师都应该从语言文化中寻找有效的交流契合点，一个话题、一个突发事件、一则新闻、一件生活小故事，都可以展开文化交流讨论，述说中国的故事。(2)“一带一路”倡议的实施是中国对世界经济文化政治发展产生影响的大事件，是当前中国文化“走出去”战略的历史机遇，也应该成为当下文化交流话题和文化活动的主流。(3)建议从中国文化与世界文明的关系入手，在文化交流方面，深入认识理解人类命运共同体建立的紧迫感和必要性。化解文化宗教冲突,避免内乱引发区域动乱或战争,为各国发展提供安全发展的国际环境。

你好吗

赴马拉维公派教师　陈艳龙

学习打招呼(greetings)时,《快乐汉语》的编写基本移译了西方人(英美人)打招呼的做法,那就是:"你好!""你好吗?"但是实际上中国人真实的交际中一般很少问"你好吗",除非是面对特别熟悉的人,而且能够感觉到问候对象身体或精神不太好时,才会这样发问,要不然就显得非常突兀。但是马拉维人由于在英式的教育环境中成长,见面都会说:"Hello! How are you?"所以他们特别想知道中国人怎么说。虽然在教学中可以把"你好""你好吗"这个招呼语教给学生,但是还是应该指出,"你好"的问候很常用,但是"你好吗"则在中国人的问候中出现频率不高。

中国人的习惯是一般情况下不主动与陌生人打招呼，如果打招呼，对方可能会以为你认错了人，或者以为你要推销什么。再者，中国人见到熟人打招呼除了说“你好”之外，更多的是说“吃饭了吗”“到哪儿去”“干什么去”“上街/上班吗”等等，这完全不同于西方人见面不管认识不认识都打招呼的习惯。并且中国人的这些问候语在英美文化里，都不属于问候语，而是非常真实的问题。这些在给学生讲授时，要特别注明，这些问候语不等同于吃饭邀请，不等同于窥探对方的隐私，这些是中国人自然习惯的问候方式。应该教给学生以地道的中国人的问候方式进行问候，这样才是真正结合文化进行教学。

对外汉语教学中的文化教学，应该与语言教学（语音、语法、词汇）同步，否则，必然产生语言和文化的脱节。后果严重的，会直接影响交际的效果。

从科特迪瓦到中国:礼仪文化

赴科特迪瓦公派教师　田淑坤

对外汉语教学不仅是语言的教学,也是文化的教学。因为语言和文化密不可分,语言是文化的载体,文化是语言的内涵,语言离不开文化,语言教学中体现着文化教学,要习得一种语言,就必须学习该语言所负载的文化。对目的语的文化了解越多,就越有利于语言交际能力的提高和交际目的的实现,因此,跨文化交际在对外汉语教学中不容忽视,起着重要作用。所谓"跨文化交际",是具有不同文化背景的人们之间的交际。在对外汉语教学实践中,文化的教学越来越受到学生的欢迎。所以,在对外汉语教学中,教师要重视跨文化交际的作用,具备一定的跨文化交际的能力，以便进一步提高对外汉语教学的质量。

我所任教的国家是西非的科特迪瓦，虽然它在20世纪60年代初就脱离法国独立，但全国上下从政治到经济乃至文化都受法国的深远影响。科特迪瓦的风俗礼仪因所属部族、聚居区域、宗教信仰、语言文化、生活习惯和历史渊源的不同而呈现多样化的特点。科特迪瓦人素以朴实诚恳、注重礼仪、热情好客、善交朋友著称。他们从小就接受道德、礼仪、宗教、文化等多方面知识的传统教育。科特迪瓦人见面时，总是主动热情地打招呼。初次来到非洲，接触非洲的礼仪文化，我便遭遇了由于跨文化而带来的尴尬。有几个熟悉的学生，见了我之后主动地和我握手问候，我也热情地迎上前去和他们握手问候。可是按照中国的礼节，短暂地握手后会主动松开手，而在科特迪瓦却截然不同，握手的动作要到谈话结束时才结束。因此，当我主动松开握着的手时，学生说我不喜欢他，我因此特别诧异学生对我的误解，因为我没有一点不喜欢学生的意思，相反还觉得他们很聪明、很可爱。还有一次，一个学生由于生病很久没来上课了，待到病好了见到我之后，很是激动，我也很高兴。可是当我主动迎上去和他握手时,他却意外地给我一个拥抱。看到我异样的表情,学生也很疑惑地问我为什么不高兴。我知道这是由于跨文化的差异而引起的误会,决定利用适当的方式和学生沟通解决这一问题。

为了解决这个问题,我平时便细心地观察学生们见面时的礼仪动作、言谈举止、问候方式等,又将其与中国的礼仪文化进行对比,找出他们的相同点与不同之处。本着尊重所在国文化、文化理解、文化差异、文化融合与入乡随俗的原则,采取了如下解决措施。

(1)邀请学生系统地讲解当地的基本礼仪,尤其是见面时的礼仪文化。通过讲解我知道,科特迪瓦社会历来有尊老敬长的习俗,把是否尊老敬长作为衡量一个人是否有修养、讲礼貌的基本道德标准。冒犯长者是一件大逆不道的事情,在家会受到长者们的责骂或者棍打,在公共场合会受到众人的斥责和咒骂,绝不会有任何人出来为被斥责者辩解或者袒护。在一个家庭中,最年长者是当然的一家之长,在家中任何事情均要由这位一家之长拍板决断,拥有至高无上的无形权力,即使家长的兄弟或者子女担任了国家高级领导人,回到家中的第一件事也是向这位一家之长请安汇报,对于家长讲的话只能毕恭毕敬地倾听。无论在任何场合、任何时间，晚辈遇见长辈，即使素不相识，也要主动用敬语表示问候，用鞠躬表示致意。相当多的科特迪瓦人遇见年长客人时，显得彬彬有礼，问候时多称“爸爸”或者“妈妈”，充分体现了科特迪瓦人尊老敬长的民族礼仪。在科特迪瓦，人们见面时，一般情况下握手相互致意，相互热情地说一些表示友好和祝福的话语。彼此熟悉的朋友见面，一边相互用右手热情握手问候，一边用左手搂住对方的腰，直到谈话结束时方松手道别。对于初次见面的官员或者长辈，一般慎用幽默风趣的语言，不然会让对方感到唐突，或者认为你在耍小聪明或者故意制造笑料，认为你不实在。在科特迪瓦，非常好的朋友之间见面可以拥抱，女性之间可以亲吻脸颊，男性之间可以击掌，以示想念和友好等。

(2)以专题讲座的形式向学生介绍中国的礼仪文化。通过讲座，学生了解了中国人见面的基本礼仪。在中国，握手是一种沟通思想、交流感情、增进友谊的重要方式。与他人握手时，要注视对方，微笑致意，不可心不在焉，不可戴帽子和手套与人握手。在正常情况下，握手的时间不宜超过 3 秒，必须站立握手，以示对他人的尊重和礼貌。握手也讲究一定的顺序：一般是待女士、长辈、已婚者、职位高者伸出手后，男士、晚辈、未婚者、职位低者方可伸出手去呼应。若一个人要与许多人握手，那么有礼貌的顺序是：先长辈后晚辈，先主人后客人，先上级后下级，先女士后男士。鞠躬是对他人敬佩的一种礼节方式。鞠躬时双眼必须礼貌地注视对方，以表尊重的诚意。鞠躬时必须郑重地立正、脱帽，嘴里不能吃任何东西，或是边鞠躬边说与行礼无关的话。致意是一种不出声的问候礼节，常用于相识的人在社交场合打招呼。在社交场合里，人们往往采用招手致意、欠身致意、脱帽致意等形式来表达友善之意。

(3)以活动的形式让学生熟悉中国的基本礼仪。活动可以模拟旅游团去中国旅游，让学生扮演中国人，对彼此见面时要怎样问候、怎样打招呼和交流进行演练，通过这种方式给学生创造真实的情境，让学生对这些基本礼仪的掌握更具有现实性，以此来熟悉中国人的见面礼仪。

这个案例让我们充分认识到，在跨文化交际这一领域，我们应该尽可能多地了解并学习所在国的文化，并将中国文化与之对比，以此找到最佳的文化融合方法，进而减少不必要的交际冲突，来提高跨文化交际质量。作为对外汉语教师的我们，更要不断努力地学好中华文化知识，做跨文化交际的使者，提升自身素质，为成为一名合格的对外汉语教师而不懈拼搏。

跨文化交际案例之脸谱文化

——色彩碰撞

赴布隆迪公派教师　王梅灵

2017 年 9 月，我在 SOS 中学的新班举办一次介绍脸谱文化的活动。以往开展这类活动只是为了博得学生的眼球，一般在户外招生时用于文化元素展示。这一次出发点完全不一样，通过开展脸谱绘画体验，结合介绍文化意义，让学生在真正意义上了解中国的脸谱文化。

介绍部分包括脸谱的来源、用途和不同颜色呈现的意义。为了让每位学生了解更深刻，我们还为每人打印了一张介绍脸谱的法语版简介，简介还配上一些脸谱图案，惟妙惟肖。

介绍完脸谱相关知识后，我们留给学生宽裕的时间参与体验活动。要求学生根据所学脸谱知识，选择自己喜欢的颜色和它所代表的人物性格，描绘手中的空白脸谱，绘画出他们心中喜爱的戏曲人物。

每位海外教师都试图清晰地传播中国的文化、中国的声音。但是，做到这一点并不容易。当志愿者讲到每种颜色所呈现的人物性格特征时，志愿者教师只讲哪些颜色代表 good guy，哪些又是 bad guy，讲得不够清晰明白，导致学生有些困惑。最后，只好我自己出面重新给学生讲解中国文化为什么有脸谱，脸谱主要用于什么，脸谱上的不同颜色都代表了什么样的人物性格特征。

学生绘画脸谱人物完成得很不错。令我意外的是，80%以上的学生都采用了红色这一主色调。我问为什么选择用此颜色，学生回答说：红色代表忠诚、仁厚，我们喜欢。我想这也跟他们国旗上的红色有关系。而很少有人采用黄色或蓝色，一方面是因为学生觉得不好看，另一方面认为这两种颜色代表的意义是负面的。布隆迪共和国国旗上有红、绿和白三种颜色。每个国家的公民都十分热爱自己的国家，布隆迪学生也不例外。可以说，布隆迪人最喜爱的颜色就是红、绿和白了。鼓队队员的服装、舞台背景布置、特色饰品都采用以上三种颜色。布隆迪妇女平日里穿着的衣服五颜六色，着实令人眼花缭乱。

中国有“红白喜事”之说，而布隆迪有“绿白之上”之感。因为两国色彩文化的差异性，我在布隆迪工作、生活近三年的时光里深感它给我们与布隆迪人打交道时带来的文化碰撞。在中国，婚庆喜事多采用红色，中国人给红色赋予了“红红火火、财源广进、幸福一生”的意蕴。而黑白两色意味着不吉利、死亡和霉运，平日里人们避讳采用这两种颜色。在布隆迪，婚礼上的白色是最神圣的颜色，这在很多西方国家都大同小异。在中国，因年轻一代受西方文化的影响，新娘也常常身着白色婚纱，但即便如此，红色依然是中国婚礼的主题颜色。布隆迪人参加亲朋好友的葬礼一般都会穿黑色西装，表示对死者的哀悼，男士更是如此。相比之下，中国人有披麻戴孝之习俗，生者常常穿白色或衣服上挂一条白布表示对死者的哀悼。

狗年春节联欢会幕布制作时，设计人员满脸疑惑地问我：为什么用红色？为什么幕布上的文字不能用黑、白两色？我想这也是两国色彩文化上的差异而导致的。

“汉语会话 301 句”引发的跨文化冲突

赴塞内加尔公派教师　郑珊培

在给达喀尔波尔多商学院工商管理本科生一年级上“汉语会话 301 句”的时候，第五课和第六课连续学习问题“你去哪”和“你做什么”，课程设计的目的是让学生学会提问并回答地点、描述要做的事情。在讲完这两课后，有学生提问：“老师，我觉得中国人有点没有礼貌。”我感到很奇怪，问他为什么，学生说：“老师，在我们这儿，我去哪儿，什么时间去，去做什么，都是我私人的事情，别人这么问我，显得没有礼貌，我也并不想告诉他我去哪。”

对此，我做了以下一些思考：(1)塞内加尔的习俗受法国影响深远，属于西方文化范畴，学生从小接受的也是法式教育。(2)西方人和东方人关于人际交往的距离感是不同的，西方人交际的距离感要大于东方人，很多东方人接受的交谈话题，西方人都会觉得是私人事情，不便谈论。(3)当课文对话中出现了朋友间见面简短问候，一方问另一方“你去哪儿”“你做什么”时，学生理所当然地认为这是侵犯了他的私人空间。

在课堂上，我是这么解决这个问题的：(1)跟学生首先说明中国文化与西方文化的不同，解释人与人之间的距离感是不一样的；(2)课文中，朋友间互相说“你去哪儿”“你做什么”，其实并不是真的想知道你的目的地和要做什么事情，这其实只是一种问候，或者是一种开启一场对话的方式；(3)将中西文化进行对比，告诉学生，我们中国人说“你去哪”“你做什么”，就与西方人见了面，哪怕陌生人间，也会谈论一下天气一样，是一种闲聊的方式；(4)对于这样闲聊的问题，如果你愿意，可以告诉对方你去哪或者做什么，如果你不愿意说，最常见的答案是“我出去”“我有点事情”。

在非洲国家的汉语教学过程中，通过中西方文化的对比，学生进一步了解了中国文化，也知道了如何应对一些尴尬的文化冲突问题，为将来他们在中国的学习生活奠定了良好的文化基础。

历史课堂上出现的跨文化交际案例分析

赴马达加斯加公派教师　金原铭

马达加斯加是世界第四大岛，位于印度洋西部，与非洲大陆隔海相望，自然资源丰富，拥有较为原始的地貌，其物种之丰富令人赞叹。马达加斯加岛有六大省份，塔那那利佛是该国首都，其余五省分别为图阿马西纳省、安其拉纳纳省、菲亚纳兰楚阿省、图里亚拉省和马占佳省。2014 年 7 月，我被调到首都塔那那利佛大学孔子学院工作，直到现在。

我任教于马达加斯加塔那那利佛大学孔子学院本部，教学对象为汉语本科专业的大二、大三学生，人数大约 120 名,他们已经完成了本科一年级约 9 个月的汉语学习,是已经达到初级水平的汉语学习者。在这一年中,我的教学任务主要包括:二年级三班的精读课、三年级两个班的听说课和三年级两个班的中国现代史课;基本上每周课时为 14 课时。

马达加斯加曾经是法国殖民地,因此法语也是官方语言,受过教育的人才可以讲较为流利的法语。马达加斯加的教育沿袭了法国的体制,学生在学校需要学习马语、法语和英语,法语是其官方语言,马语是母语,英语和西班牙语、意大利语、汉语等作为第二语言来学习。马达加斯加学生大部分很有礼貌,不像亚洲学生比较安静,也不会像欧美学生特别活泼,他们处于一个比较适中的状态,在一定程度上对老师十分尊重。马达加斯加人由于曾是法国殖民地,其思想和生活方式受西方很大影响,所以他们的思维方式多是直线型思维,跟东方人不同。在塔那那利佛大学孔子学院的工作与生活中,我与当地老师和学生们接触也很多,在交流过程中会发现不同思想文化的碰撞和沟通,其中有许多有意思的地方,也不乏值得讨论之处,我想这正是跨文化交际需要关注和细心研究的地方。

在塔那那利佛大学孔子学院，我除了汉语精读课、口语课之外，还带三年级的近现代史课。在一次历史课上，我们讲到了抗日战争，为了生动地展现战争的情况，我课前下载了视频和图片，做好了 PPT；在课上，我先声明："这节课只是在讲述一个事实，跟大家的爱恨情仇无关，今天我们一起来了解这段历史。"讲课过程中，我讲述了抗日战争爆发的原因、导火线，战争一步步发展的过程，几次重大的战役，以及最后的结果等。整个过程中，我尽量控制自己的情绪，以平静的状态上课，但还是有一些无法控制住的情绪在。那么学生呢，除了对日军惨绝人寰的侵略行径表示惊讶之外，其他并无特殊感觉，这让我在整个教学过程中很懊恼，因为我们的民族情绪没有得到一种认可，他们的态度很平淡，甚至是基本无反应。我讲到南京大屠杀和细菌战、毒气战的时候，他们的表情告诉我，他们十分惊讶，觉得这是不可能的事情。下课后我问他们，你们对日本这个国家有什么看法？他们说，他们觉得日本是很发达的国家，有丰田汽车，有各种电子产品，而且他们很喜欢日本的动漫，喜欢看也喜欢画。他们觉得日本人很有意思。我当时对他们的回答有点吃惊，他们也很惊讶中国人对日本有这样大的意见。

经过这次历史课,我发现不同文化的国家对特定国家文化的理解是不同的,特别是由于历史的原因。一开始我还很奇怪,因为讲到第一次和第二次鸦片战争的时候,他们都是一样的愤恨、一样的理解,而对抗日战争,他们就没什么感觉,课堂效果也差了一些。课后我反思了课堂上出现的问题:首先,文化的认同是具有前提的,他们对于我们民族的情感不能感同身受,是因为他们对于日本没有不良的记忆,他们国家之间也没有历史的过节;反之,日本这些年对马达加斯加的帮助和建设都做得不错,他们又喜欢日本的科技和动漫文化,这就导致了他们对日本并没有不好的印象。所以在抗日战争的课堂教学中,很难让学生和我形成共鸣。

在授课过程中,当学生毫无反应的时候,我试图询问他们是不是对这段历史知识不感兴趣,然后慢慢跟他们沟通,他们回答说也不是不感兴趣,只是觉得奇怪,他们奇怪课上说的日本跟他们了解的日本不太一样,心里就有了怀疑,于是开始沉默。我了解了他们沉默的原因后,开始把中国和日本之间的关系和历史往来梳理了一番,尽量不带个人情绪;我又鼓励他们自己去了解这段历史,并搜集资料下节课讨论。最后的效果还是不错的,学生们对中国的这段历史有了更深的了解。

我获得的启示：(1)在教学准备中，要考虑到不同文化对于某一特定文化的接受程度，考虑到不同文化的特殊性，要做好课堂上良好沟通的心理准备，不能要求学生在任何点上与老师形成共鸣。(2)要尊重不同的文化习惯，在教授历史知识时，尽量不要带上个人情绪。

孟子性善论的风波

佚　名

在卢旺达孔子学院，一名教师在给学生讲授中国传统文化，讲到孔子、孟子的儒家思想仁爱、仁政、性善论等，以及《三字经》中的“人之初，性本善”。谁知道课堂上，学生对性善论提出了疑问：人性本来就是恶的，否则要法律、要教育干什么呢？

第二天，校方就接到了家长的投诉信息。因为卢旺达很多家庭信奉基督教，而孟子的人性本善论与基督教的“原罪说”相悖。经过校方和老师的解释，最终平息了人性善、恶的争论，这次文化传播以失败告终。然而这个案例留给我们的思考却是，如何因地制宜地传播中国文化。

语言和文化是密不可分的，语言教学一定会涉及文化的传播，而就对外汉语教学而言，教学过程中的跨文化交流和碰撞是一个很现实的问题。两种文化的相似之处很容易让人产生亲近感，有利于文化上的理解，对语言教学也很有帮助。然而，文化上的冲突也会对语言教学、文化自身的传播产生严重的负面影响。

正如案例中所述，由于老师所宣讲的中国文化内容与当地宗教信仰相悖，而引起了学生乃至家长的不满，以致这次儒家文化的传播宣讲无疾而终。所以，要避免类似情况的发生，化解文化传播上的尴尬，我们可以从以下几个方面着手：

首先，要求我们教学计划制订者对中国和对象国的文化有全面的了解，尤其是在风俗习惯和宗教禁忌上。在制订教学计划时，一定要考虑文化因素，要尊重当地的宗教信仰和风俗习惯，尽量避免宣讲触犯当地禁忌的教学内容。

其次，在文化碰撞的问题上要本着求同存异的原则。“求同”是为了拉近教学双方的心理距离，增进相互理解，使所授内容更易于接受；而“存异”则是要尊重双方的文化习俗,避免不必要的冲突。要在相互尊重的基础上加深理解,才能达到交流的目的。否则,像案例中那样触犯了当地的禁忌,显然不是明智之举。

最后,对对外汉语教学来说,文化是辅助于语言教学的,因此在中国文化的导入和教学过程中,一定要在尊重事实的基础上,谨慎选择内容,还要讲求方法。其实关于性善还是性恶,中国古代本来也是争论不休的,也没有定论,这个问题本就是辩证的,如果那位教师这样介绍,应该不会激起他们的反感,这样就能确保文化传播的顺利进行。

一组照片引发的冲突

方世芬

2015年9月，在非洲某国的一堂汉语课上，一位刚刚到任不久的中国老师在上课时，为了对比中国与非洲风土人情的不同，在给学生展示了一组中国各个地方漂亮的风土人情的照片后，又兴致勃勃地用幻灯片给学生展示他自己拍摄的一幅幅照片：海边破败的土坯房、草棚屋；乡村一个个瘦骨嶙峋、赤身裸体的黑人小孩；街边用瓶瓶罐罐装汽油卖的奇特"加油站"；一辆车外挂满货物、车内挤满黑人的破旧的出租车；一个正在用手把沾了番茄酱的玉米糊往嘴里送的madame(妇女)……老师一边兴高采烈地讲解，一边得意地说自己的摄影技术如何高超。突然，一个男生"嗖"地站了起来，用还不太流利的中文说："老师，请问你为什么给我们看的都是我们国家贫穷落后的照片，我们国家不是你拍的这个样子的！"这时，其他同学也纷纷站起来，大声指责老师没有看到他们国家好的地方，而故意拍这些"丑陋"的照片来侮辱他们，并要求老师给他们道歉。面对这突如其来的"声讨"，老师一下子吓得不知所措，慌忙向学生解释说他并没有要歧视和侮辱他们的意思，他是对这些感到好奇，觉得很有意思才拍下来的，并连声给学生道歉，并把所有照片当众删掉，说以后再也不这样了，这场风波才算勉强平息。可即使这位老师删掉了照片，也给学生道了歉，从那以后，学生们上这位老师的课再也没有以前那么积极了，对老师的态度也由原来的热情和喜爱而变得疏远和冷淡，每次这位老师上这个班的课都感觉如坐针毡，非常难受。

案例中的老师为什么会遭到学生群起而攻之？他应该怎么做才能尽可能地减少或避免文化冲突？

这是一个典型的文化冲突的案例。所谓文化冲突，就是指两种组织文化在互动过程中由于某种抵触或对立状态所感受到的一种压力或者冲突。在这个案例中，由于中国和非洲所处的地域、文化背景、宗教、风俗习惯、经济发展状况等存在很大差异，因而对某些现象产生的认知也会不同。案例中这个老师因为之前没来过非洲，就把自己见到的街边的瓶瓶罐罐“加油站”和赤身裸体的黑人小孩等以好奇和觉得有趣的心理把他们拍下来给学生看，而没想到这是他们国家甚至很多非洲国家的特色，他们吃饭用手抓也是他们的习惯，在当地人看来并没有什么，但是这个老师把他们拿来和中国的发达与繁华做对比，就很容易激起学生的反感。这是因为对外汉语教师在用照片之前没有仔细分析两国的文化差异，特别是风俗习惯的差异所引起的文化冲突。

这种由于文化差异而引起冲突的例子还有很多。比如，有一位年轻的中国女教师平时对学生特别热情，尤其对 Grachi 同学特别好，但有次期末考试，因为时间紧，加上考试要求严格，这个老师进教室之后没有像平时那样和学生打招呼问好，Grachi 同学向这位老师问好她也没来得及回应，在宣读了考试规则和分发试卷之后，老师就在教室前面表情严肃地监考，直到考试结束。第二天，这个老师在上课的时候，发现平时上课最积极、最爱抢先发言的 Grachi 表情冷淡、眼睛也不怎么看黑板和老师，一个人闷闷不乐地坐着。下课后，老师主动走到她面前，问今天怎么不发言了，是生病了还是怎么啦？没想到这个学生冷冷地对老师说："昨天我跟你打招呼，你理都不理我，表情还那么严肃，是瞧不起我吗？你这是很不礼貌的！"老师一听，慌忙解释：不是这样的，在中国，考试是很严肃的，考试的时候老师要尽量避免和学生说不必要的话，故意装得严肃，是为了吓唬学生不要作弊。可无论老师怎么解释，这个女生后来一直都没原谅老师，他们之间的关系再也没有恢复到以前样子。

作为一名对外汉语教师，在知道要去的是哪一个国家之后要做的第一件事，便是通过各种途径了解赴任国情况。对于亚洲或欧美等国家，一般都比较了解了。但对于非洲国家，可能有的连名字也没听说过，有的国家小到在地图上都很难找到。拟赴任教师可以通过网络了解该国情况，除在百度等搜索引擎上对该国的地理位置、人口、气候、宗教、风俗习惯等做一些了解外，还可以在博客、微博、微信、公众号上搜索，从在该国的中国人那里做仔细的了解，做到心中有数，一旦到了目的地，也不会有太大的心理落差和不适应。如果该国已经有孔子学院或孔子课堂之类的，那就好办一些，拟赴任教师可以通过联系孔子学院院长或老师，详细地了解当地的各种具体情况，甚至包括当地的物资、住宿、交通、饮食、医疗等方面，一是为赴任准备相应的行李，二是减少心理落差。（比如我任教的非洲国家贝宁，经济首都科托努只有一家法国医疗中心，医疗设备及其他条件并不完善，如果不会法语，就医很困难，距离市中心两个小时车程的洛克撒有一家中国医院，条件相对完善。疟疾是这个国家乃至整个非洲比较盛行的疾病，必备药及其他常备药都需要从国内带来。这个国家几乎没有公交系统，摩托车是最主要的交通工具。）有很多去非洲的老师，之前没有多少了解，等到了目的地才发现当地物资匮乏，缺医少药，停水停电，出行要么是坐当地人的摩托车，要么没有交通工具……觉得与国内相比条件太艰苦，心理上完全不能接受。有的老师到非洲后就非常后悔，想要回国，有的待了一年半载没到任期结束就提前回国了。这也是一种典型的文化冲突的反映。

作为一名对外汉语教师，时时处处要记得尊重彼此的文化，这是非常重要的，因为文化本身没有贵贱及对错之分。如果你发自内心地尊重另一种文化，冲突自然会钝化一些。特别是在非洲，因为中国的各个方面都比非洲先进、发达，中国人皮肤比非洲人白，这很容易让中国老师产生种族优越感、国家优越感，甚至滋生傲慢的态度。这在非洲国家也是特别忌讳的。

比如，在非洲学生面前，尽量不要去和他比较谁的皮肤白，他们天生对自己的皮肤有自卑感，他们把中国人也称作“Yovo”（白人），甚至很多小孩都会唱一首儿歌："Yovo，yovo，bonsoir！ça va bien？Merci！"（白人，白人，晚上好！你好吗？谢谢！）从这首歌曲里也可以知道，其实他们对所有的白人都很尊重和羡慕，那么，我们做老师的不能去嘲笑他们的肤色，甚至服饰等。他们也很喜欢中国的服饰，甚至会直接找你索要，如果有条件，可以赠送一点作为礼物。有的中国老师，也很喜欢非洲的花花绿绿的衣服，也会自己去做几件，这样，无形中拉近了师生的距离，做到文化相交或相融。

尊重对方的文化，在日常生活中遇到最多的是社交礼仪方面。非洲人都很热情，他们见面都会拥抱、贴面亲吻等，开始去非洲的中国老师会很不习惯，在心里对黑人的皮肤有些介意，有的初去时甚至都不愿意和黑人握手，更别说贴面亲吻了。有的老师会在黑人学生来握手或拥抱的时候躲开，那是极其不礼貌的。所以，消除心理上的芥蒂，努力地和黑人学生打成一片，尊重并接纳对方的社交礼仪，是每一个对外汉语教师都应该做到的。

而在尊重对方的文化方面，最容易引发冲突和最要小心翼翼的，当是对方的宗教信仰。在非洲，各个国家信仰的宗教不尽相同，比如贝宁的宗教有巫毒教、伊斯兰教、基督教等。学生当中也有不同的宗教信仰，比如信仰伊斯兰教的，要注意他们在饮食方面的禁忌（不吃猪肉），在请人吃饭或搞包饺子等活动的时候就不能用猪肉。有的学生也许上课中途会请一会儿假到教室外面做礼拜，这都是必须尊重的。因为触碰宗教信仰禁区而引起的文化冲突不在少数。

当然，尊重彼此的文化，是以尽可能平和、诚恳的态度让对方理解和尊重自己的文化，给彼此一些空间坚持自己所信仰的文化，也没有必要有一方妥协。最好的方式是，师生双方都做出一些让步，在彼此包容和妥协中力求和谐。

在非洲，在街上或者一般场合会看到人们大都穿得比较随意，最明显的特点是他们喜欢穿拖鞋，但在上班族里面，却见不到穿拖鞋的人。比如学校的本土老师或者一边工作一边学习的学生，即使天气炎热，他们也都西装革履，穿得大方得体。而我们有的中国老师，却不太注意个人形象。有刚打完球大汗淋漓穿着一身脏衣服就进教室上课的；有穿T恤短裤上课的；有女教师穿着暴露让男生感到难堪的；有一边上课一边抽烟的……这些现象，在学生上课发言或平时的作文中都透露出对中国老师的不满，觉得这不是为人师表的形象。也有老师说话不大顾及学生感受，动不动就说："我们中国人……你们黑人……"无形当中显示出中国人高人一等的优越感，极易引发文化冲突。还有的教师不注意教学行为，备课敷衍，上课照本宣科，课堂死气沉沉，喜欢"一言堂"，处处显示"师道尊严"，不大接受学生的直言，这样的老师也很不受学生欢迎，因为外国学生大都喜欢知识丰富、上课生动有趣、允许学生畅所欲言的老师。所以，作为一名对外汉语教师，在上课时男教师一般最好穿正装，女教师穿裙装或旗袍等，这样的着装比较能让学生接受。在教学上，要尽可能地适应当地学生的特点，比如非洲学生上课发言很自由，喜欢音乐和舞蹈，同时他们也对中国的语言和文化很感兴趣，教师可以采用丰富多样的教学形式，如幻灯片、视频、现场展示等形式教学，让课堂生动活泼。

在中国有句俗话，叫"先说断，后不乱"，意思是做事情之前，先把规矩讲好，事后就不会有麻烦。作为一名对外汉语老师，在做你不能把握会不会引起文化冲突的事之前，最好先解释说明为什么。比如在中国，学生上课发言要举手，有事出教室要向老师请假，迟到了有可能被惩罚等。于是，有的中国老师不管三七二十一，把中国的一套规矩搬过来，事先也不给学生讲为什么要这么做，这样就极易引起文化冲突。因为，外国学生上课发言都很自由，往往想说就说，不需要征得老师的同意，更没有举手的规矩（有的非洲国家学生想发言是指头而不是举手，他们认为举手有侮辱的意思），上课期间学生出入教室也很自由。面对这样的情况，教师可以在发现这些现象之后说明自己上课会有些什么要求，比如发言要举手、出入教室要请假、尽量不要迟到等，要讲清楚为什么这样做，要学生理解了、同意了才能执行，而不要武断行事。比如前文说到因为考试而忽略了对学生的礼仪而引起的文化冲突，就是事前没有解释说明为什么而引起的。

事前给学生解释说明为什么，还可以用在课外活动或比赛规则的制订上。因为非洲学生遇事特别喜欢讲道理，如果某一件事处理得不好，学生会反复纠缠，直到得到满意的答复为止，稍微处理不好，就有可能引发文化冲突。

对外汉语教师多多少少都会遇到小的摩擦或文化冲突，小的摩擦会随着时间的推移在师生都慢慢了解彼此之后而淡化，但如果遇到像文章最前面说到的案例中的比较大的文化冲突，就需要老师好好寻找解决的办法了。

在遇到较大的文化冲突的时候，教师最先要做的应急处理是道歉，做出最恰当的解释，减少误会，尽量平息事态，以最快的速度解决冲突，防止事态蔓延。像本文最开始提到的那则案例，那位中国教师因为不了解当地风土人情、风俗文化引起了文化冲突，教师当时的应急处理措施是删掉照片，给学生道歉，这也是可行的。如果一时半会冲突不能解决，教师就应该退后一步来分析原因：是违背了当地宗教习俗还是社交礼仪？是触碰了自己不知道的某个“禁区”还是自己确实做错了？如果教师自己无法解决，还可以找有经验的教师请教，看他们遇到这样的情形是怎样处理的。也可以向当地人咨询，了解他们最能接受的解决办法。或者请当地有威望的老师或学校领导帮忙协调解决。如果学生对老师的误会较长时间都不能消除，教师也应该保持一颗宽容之心、豁达之心，用自己的言行慢慢去减少或消除文化冲突带来的负面影响。

文化冲突带来的困惑甚至长时间无法解决的矛盾，

是很多对外汉语教师都曾遇到过的，随着汉语和中国文化在全球传播速度的加快和范围的扩大，对外汉语教师如何减少或避免不必要的文化冲突也变得越来越重要。作为一名对外汉语老师，只要对任教国充分了解，在工作和生活中尊重彼此文化，注意个人形象，注意自己的言行，遇到拿不准的事提前咨询或解释说明，遇到冲突冷静处理，多方寻求解决方法，就能很好地减少或避免文化冲突。

中华文化案例分析：十二生肖

佚　名

十二生肖是中国传统文化的重要组成部分，每个人从出生就有一个生肖与之相伴一生。从远古时代到现代，十二生肖文化早已被民众所认定、接纳并取得共识，并且广泛运用到物质与精神的重要层面。它是由十一种源于自然界的动物即鼠、牛、虎、兔、蛇、马、羊、猴、鸡、狗、猪以及传说中的龙组成的，用于纪年，顺序排列为子鼠、丑牛、寅虎、卯兔、辰龙、巳蛇、午马、未羊、申猴、酉鸡、戌狗、亥猪。每个人都以其出生年的象征动物作为生肖，所以中国民间常以生肖计算年龄。我国历史悠久，有上下五千年的文明，其中十二生肖是我国传统文化的重要组成部分，代表了我国人民的智慧，也传承了中华文化的精髓。这种文化经过数千年的传承，已经在我们的日常生活中扎根萌芽，并且逐步影响到社会、政治、经济，特别是精神生活的各个方面，成为一股强大的精神力量支撑着人们的思想行为和日常生活习惯。这些文化以及习俗，不仅丰富了我们的生活，还使得中国的传统文化得以延续。然而外国人对我们的文化传统并不熟知，让他们了解和掌握中国十二生肖的文化内涵是非常有必要的，对中华文化的传播有着深刻的意义。

塔那那利佛大学孔子学院开设有汉语周末班课程，该课程主要针对各类对汉语感兴趣的社会人士，学员的年龄跨度较大，从七八岁的孩子到六十几岁的老年人，年龄参差不齐。某个周六，我上了周末班的汉语课，课文中提到了："你属什么?""我属狗，是 1982 出生的。"就课文中的话题，我在课前做了关于生肖文化方面的拓展，精心做了关于十二生肖的 PPT，详细讲解了十二生肖的来源，以及每一种生肖所代表的意义和文化内涵，大家都认真地听着，做着笔记，课堂和平时一样和谐。当我把 PPT 翻到十二生肖对应的年份的时候，教室里热闹了起来，大家都在认真地找着自己所出生的年份对应的生肖。坐在前排的小朋友们高兴地告诉我："老师我属猴。""我属羊。”等学生们都找到了自己所对应的生肖时，我们便开始进入下一个环节——对话练习，学习询问对方的年龄和生肖。五分钟过后，我请同学来回答我的问题，前面的几个学生都进行得很顺利，到了一位老人那里，却卡住了。我问她：“您今年多大？”她回答了，我又接着问：“您属什么？”她摇着头告诉我：“我不知道。”我一下子没反应过来，以为她没找到自己对应的属相呢，我还准备让大家帮她去找呢。这时，坐在老人旁边的一个年轻人小声地告诉我：“老师，她不喜欢。”原来她是不喜欢生肖。虽然她的笔记本上写得满满的，关于生肖，关于年份，以及今天所讲的全部内容。下课的时候，我看了她的笔记本，在笔记的下面，清清楚楚地写了，她出生的年份是1958年，而1958年相对应的属相，是狗。我一下子明白了，问她：“你喜欢生肖吗？”她摇着头，不置可否，思考了一下告诉我：“So so。”我一下子有点受挫，辛苦准备的课件，原来是有学生并不接受的，我此时的心情很复杂。我又接着问：“为什么不喜欢呢？”她先是告诉我，她不喜欢狗，然后又说在马达加斯加如果把人比喻成动物，就是对人极大的不尊重。比如，中国人常说“看他跑得像兔子一样快”，这样的比喻，他们大概是不能接受的，他们的文化里人就是人，动物就是动物，人和动物是完全不同的物种，更是不能相提并论的。再者，在马达加斯加的文化里，狗是被很多人所厌弃和不喜欢的动物，所以她坚持不说“我属狗”这句话。

在接下来的课里，我对十二生肖所代表的文化内涵进行了详细的解释。比如狗，它是人类的好朋友，属狗的人意志力很强，狗年生的人对待朋友和爱情都非常忠诚，宁可自己吃亏也不愿给人添麻烦。我又仔细地讲解了每一种生肖动物所代表的优秀品质。比如牛，在中国传统的农耕社会里，牛具有非常高的地位。牛吃的是草，挤出的是奶；牛永远勤勤恳恳、任劳任怨，因此深受人们的喜爱。尊重文化的多样性，不强迫别人接受自己的文化，因为文化自身会带着它独有的魅力和光环，它会不断地喜欢认同的人。对于那位暂时不能全然接受生肖的老人家，我们更要对其保持尊重，理解她对自身民族文化的认知而不强求。

在对外汉语教学，特别是文化教学中，我们更应该注重中马文化的差异。在文化教学中，我们要特别注意以下几种情况：第一，相同的行为在不同文化中所表示的含义不同。第二，相同的含义在不同的文化中有不同的表现行为。

我们要尊重马达加斯加和我国不同的语言文化。承认文化的多样性和世界的多元性，某种文化的存在有其合理的一面，文化无孰优孰劣。我们要以积极的心态试着了解不同的文化，以包容的心态去接受不同的文化。交往中，我们要摒弃“民族中心主义”的思想，尊重异己行为，以包容的心态去了解和接纳不同的文化行为。同时建立和交际者良好的情感交流，真诚和信任是最为重要的情感基础，彼此间的友好关系会减少交际时双方的心理障碍。

首先，我们要学会认真观察，留意交际的差异，培养我们文化差异的敏感性。我们很容易发现它民族文化和本民族文化不同的部分，而容易忽略和本民族文化相同的部分，对于差异，人们常常会用心学习，而相同之处的含义我们知之甚少，也往往用自己民族的文化去解释，结果会造成交际的冲突。其次，我们要多掌握报纸、电视、网络乃至日常生活中的案例。用心总结并发掘这些案例的文化价值，有助于帮助我们更快更深入地了解交际对象的语言文化。我们只有对这些知识做到了解掌握，在面对交际对象时，才能做到知己知彼。

中国人是扔勺子给孩子起名字吗

赴塞内加尔公派教师　郑珊培

教学对象：达喀尔波尔多商学院工商管理本科生。

在非洲，存在着很多对中国文化的误读，正如我们没来非洲前，我们了解的关于非洲的一切都是道听途说一样。教学初期，在讲到关于中国人姓名的内容时，学生小心翼翼地提问："老师，中国人是扔勺子给孩子起名字吗？"我觉得有些不可思议，甚至觉得听错了，"你能重复一遍你的问题吗？"当学生又问了一遍后，我确定自己没听错。我说："在现在的中国，我们绝大部分人都是选一些常用字给孩子起名字，其中寄托了我们对孩子的美好希望。"下课后，我请教了达喀尔大学孔院的文化教师，文化老师说："在湖北、四川一带，确实有扔勺子选汉字作为孩子名字的习俗。"后来，我也给学生做了相关的解释。

案例分析：(1)中国文化博大精深，一件简单的事情后面，如名字，蕴藏着深厚的文化和不同的习俗；(2)随着社会的发展，一些文化和习俗如今我们已不大提起，但并不意味着已经消失了，作为汉语教师，遇到了应该去认真了解。

解决方案：(1)跟学生首先说明现代中国，我们绝大部分人取名字的习惯，并列举一些名字中的常用汉字。(2)告诉学生中国人姓名里面姓与名的位置，并列举几个姓名请学生分辨姓和名。(3)针对学生的"中国人是扔勺子给孩子起名字吗"的问题，首先告诉学生，现在绝大部分中国人，都是选用有美好寓意的汉字来给孩子起名字。在一些地方，仍然留有扔勺子选汉字给孩子起名字的习俗。(4)请学生谈谈他们本国名字的含义，并与中国人起名字进行简单的比较。

为什么中国喜欢说恭喜发财

赴厄立特里亚公派教师　周永胜

有一次我在上中文歌曲课时，因为中国的春节马上就要到了，我准备教授学生《恭喜发财》这首歌，当把这首歌的意思讲解完后，有学生问我，为什么中国人在春节期间见面时，常常会说“恭喜发财”这样的祝愿语？他说厄立特里亚的绝大部分商品都是“Made in China”，是不是因为中国人都是商人啊？当时，我觉得这个问题既好笑，又很有意思。于是我决定在班上好好讲解一下中国的这一传统文化。

“恭喜发财”，既有恭喜发财，也有美好祝愿的意思。荀子有言：“与人善言，暖于布帛；伤人之言，深于矛戟。”

又说："赠人以言，重于金石珠玉。"所以，"恭喜发财"也是人们对美好生活的一种向往，是中华民族的传统美德。同时，"恭喜发财"是希望对方发财，走向幸福之路。但发不发财，并不决定于一句祝福话，它是由诸多因素共同作用的结果。古人又云：君子爱财，取之有道。取财之道，最根本的还是靠自己的勤奋。勤奋是人类的本性，是文明的结晶。

因此，我们经常会说，中华民族是勤劳善良、爱好和平的民族。在当今世界，战争不断，恐怖袭击不断，各国纷争不断的环境里，中国政府提出的"一带一路"倡议，就是希望更多的国家能搭上中国经济快速发展的列车，让更多的国家摆脱贫困，实现共同富裕；中国正在全国范围内大打脱贫攻坚战，确保在 2022 年中国所有民众都能实现小康。这就是"恭喜发财"的真正含义，中国人是这么说的，也是这么做的。

中华文化的教学不是一蹴而就的，生硬地填鸭固然使不得，一味地讲解也不可行。遇到了中华文化问题时不应轻易放过。至于讲解，要简单易懂，不对学生做过多要求，而让学生充分感受。尤其是在讲解某些传统文化知识，连中国人都不能很好理解的语言内容时，更应如此。对于外国学生，结合图片让学生感受汉语语言的图画性和简洁性。并结合中国的当下文化加以讲解，让外国学生更好地理解中华文化的传统美德。

喀麦隆文化教学活动案例与思考

赴喀麦隆公派教师　徐永亮

案例一

在针对社会语言培训班级的教学中，我开设了中国文化系列教学模块，介绍中国的传统文化及民俗知识；在教学过程中，学员有时针对教学内容所体现的文化价值表示疑惑不解。学生经常问，为什么会这样？有时真的很难回答他们提出的问题，不能总是说不同的文化是客观存在；因此，对文化现象进行恰当的解释就变得非常重要。

在一次课上，当讲到中国人以前的“嫁鸡随鸡，嫁狗随狗”婚姻观的时候，提到了梁山伯与祝英台千古悲壮爱情故事；当学生听到“英台跳坟”部分的时候，几个学生打断我说：“她要下地狱的！”说真的，我当时被学生的反应给怔住了。他们的爱情故事虽然是以悲剧告终，但是也是中国人代代相传数百年的民间佳话啊，尤其是两人化蝶充满了浪漫主义色彩。后面学生看到我的表情继续说：“自杀是要下地狱的。”我心里暗自想到，你们还真会说啊。其实，我心里有点觉得不舒服了。但是，同时想到作为教师不能与学生争论，再说说得太复杂，怕他们也听不懂。

想了想，我问了学生第一个问题：当你们谈了一个女朋友或者男朋友，而且你非常爱她，甚至胜过爱你自己，你们有过一段重要的共同经历，但是你的父母或者对方的父母不同意你们结婚，你们怎么办？他们的回答是，好的女的和男的很多啊。我不禁笑着说，你们这也有点像中国以前的包办婚姻啊。学生说，因为父母不同意就没有钱结婚。

我问学生的第二个问题是，那你们罗密欧和朱丽叶的电影看过吗？怎么看待故事的结局？一些学生说看过，觉得很可惜。这时候，我接着说，为了爱情而死并不是在中国才有，在中国古时候还有孔雀东南飞的故事呢。在传统婚姻观中不只有“嫁鸡随鸡，嫁狗随狗”的说法，有许多为了爱情忠贞不渝的故事。但是，现代人的婚恋观已经发生了变化，尤其是父母越来越开明，包办婚姻也越来越少。在中国人的信念里并没有“自杀下地狱”这么一说，中国人以前认为坏人死后会下地狱。另外，以前中国人相信会有来生。所以，有些恋人今生不能在一起，可能会选择死在一起，希望来生能在一起。这样解释，学生似乎才明白了。

喀麦隆是一个多民族、多文化和多语言的国家，民众的信仰和历史传统各异；加上历史上曾被德国、英国和法国殖民过，统一的共和国历史很短，文化和信仰缺乏融合和整合，对东方文化缺乏了解。因而，在传播中国文化的时候，常有“传输”不了的情况。这时候，我们需要耐心、细致地进行讲解和对比，或者可以援引其他国家、其他民族的故事进行类比。客观地评价中国文化，心平气和地解释才能够更加深入人心。因为，可能每个民族或多或少都会有一点民族中心主义倾向，我们不把这个问题摆到桌面上来谈，但是我们需要谨记这一点。

我来喀麦隆工作已经是第三个年头了。自 2013 年 10 月开始，先后担任雅二大孔院马鲁阿大学汉语师范专业点负责人和雅二大孔院中方副院长，除了教学工作以外，我的工作内容就是负责孔院与马鲁阿大学的合作、马鲁阿分院的管理、师范专业点的建设、新课程的开发和新专业的开设。因此，在工作过程中，除了和学生打交道以外，很重要的是要和外方不同院系的院长、系主任及外事部门进行诸多事务的协商。这里就必然涉及跨文化、跨语言传输的问题，但是主要还是文化差异的问题；虽然我们都能够使用英语进行流畅的交流，但是问题在于双方的价值观和信念方面的差异。问题都是在交流并达成共识之后产生的。

案例二

这里体现的问题可以从几件事情当中看出来，它们反映出了当地人士的普遍的价值观。第一个具体事件是，2014 年我们和马鲁阿大学文学院合作开设了汉语言文学本科专业，首批招收学生 48 名，外方甚是高兴，当然我们理解，生源多是好事，起先双方都有点担心招生问题。但是，我们认为生源的质量对一个新专业非常重要，不能只图数量；而且通过后面一年的教学发现，一部分学生的综合素质比较欠缺。本来语言班这个规模就已经太大了，于是，为此我专门和外方进行了协商，强烈建议 2015 级本专业招生人数不能超过 30 人，外方表示同意。但是，下半年当我调任到孔院本部工作后获悉，2015 级他们招收了 50 人！我再次跟外方强调，作为语言班这个人数太多了，不利于教学；系主任却说，阿拉伯语专业 1 个班级有 100 多人呢！

第二个事件是，在马鲁阿分院，我建议高等师范学院配合孔子学院加强中方师资队伍的管理，提议马鲁阿大学对优秀中方教师进行一定的鼓励和一定形式的表彰，创设更好的工作氛围，而不是像把汉语专业外包给了我们一样。因为，马鲁阿已靠近撒哈拉沙漠，常年高温，生活艰苦，加上博客圣地恐怖组织的威胁，很有必要通过一定的形式鼓舞大家。外方听后当即表示同意，建议我们提交一个优秀教师名单。我们及时上报了名单，并希望在这批教师离任之前外方对他们进行表彰；后来，刚好马鲁阿大学毕业典礼上要表彰优秀毕业生，汉语专业一名学生作为优秀毕业生代表将在大会上发言，这是个很好的机会啊。但是，外方不同意，说他们要重新找一个场合安排表彰仪式！然而，又是半年过去了，那批教师都已离任回国了！对此事，外方一直没有动静。

像上文提到的类似事情还有很多。基本可以得出一个结论是，当地人士对于履行约定和承诺在我们看来存在比较严重的问题，尤其是口头约定。后来发现，不光是口头协议不履行，书面协议大部分也不履行。中国人是言必信，行必果。所以，工作中出现了强烈的落差和反差。对于这种现象，应对非常棘手，一方面我们需要调整心态，做好一定的心理准备，不能轻信其承诺，特别是口头的承诺；另一方面，对于重要的提议需要每次形成书面的材料、协议或者备忘录，并要求对方签字，标明执行时间表，后期不断进行督促。另外，针对重要议题，我们必须做好应变的预案，防止对方爽约后出现问题。

跨文化交际理论上谈起来容易，真正碰到并非易事；而且，一些人错误地把跨语言交际等同于跨文化交际，以为会说当地语言或者外语，就能进行成功的交际和取得良好的交际价值。事实却不是这样。跨文化交际不是语言问题，而是价值冲突问题。而内在价值，深深根植于当地的社会实践。譬如第一件事情，因为客观条件所限，在当地语言班动辄都是七八十人或上百人；即使我们费了很大劲来说服外方，也无法改变其根深蒂固的思维；没有书面的协议根本无法促使他们改变行为。另外，这种“寡信”和“时间观念”也是我们无法改变的，因为不光是这个国家，在其他国家也存在类似的现象。对中国而言，的确很难接受。很多东西，他们只是说说，说得很多，最后落实得很少，对他们而言这没什么，因为大家都这样。反之，他们经常会认为中国人怎么这么没有耐心呢？故而，我们需要保持开放的心态来面对这一切。

案例三

喀麦隆目前还是一个等级制度比较明显的社会。拿教育领域来说，学生普遍很怕老师，我知道这个和尊敬教师不是一回事。在当地，教师体罚学生起来是毫不留情的，在我们看来，在现在的中国那是不可思议的行为。暂且不说在中国学校不允许教师体罚学生，教师打了学生常常会有家长来学校闹事。在这里,看起来教师并没有这种顾虑,教师觉得该打就会大打出手;而且,学生不敢有丝毫的反抗。所以,这里的学生都特别怕老师;即使正常情况下有事情也不敢找老师或者系主任,更不要说院长了。除非,院长点名要找哪个学生谈话。这种现象和目前中国校园内的情况反差太大了。

那么,教师课堂管理会有什么问题呢?这里探讨的就是,当地学生怕当地的老师,他们却从来不怕中国老师!这个问题带有普遍性,而不是说哪个中国教师很和蔼,学生才不怕他。在汉语专业的课堂上,纪律问题就明显比当地教师课堂上多很多。一是迟到问题,学生迟到了会有各种理由:他昨晚不舒服了,生病了,他妈妈生病了,等等;二是课堂上接起电话连问也不问老师就走出教室了,或者想喝水了就直接出去了。在讲课途中出现这些现象的确令人不舒服。当然,还有活动不按时到等类似的纪律问题。

针对上述的各种纪律问题,分析后认为当地学生在中国教师面前是有点懈怠的,我们并不希望学生像怕当地老师那样怕我们,但是对于屡教不改的纪律问题我们得想办法予以应对和解决。第一,强化课堂考勤,对于迟到、旷课和早退的全部记录在案，每个月汇总一次信息并报送外方系主任，责令对学生进行批评教育，这点学生还是怕的。第二，教师针对频发纪律问题的学生进行谈话，了解原因，鼓励学生积极上进。第三，对纪律表现良好的学生在学期末予以一定程度的奖励。第四，从今年下半年开始，给汉语专业每个班级配备了中方教师作为班主任，严抓学生的课堂纪律，督促学习。第五，要求生病的学生提供医生证明，我们知道一些人压根就没有生病，目的在于提高撒谎的难度。

个人认为学生在中国教师课堂上的纪律问题主要有三个原因：第一，中国教师在当地普遍非常友好、热心，从来不摆老师的架子，而且以年轻女教师居多。本来，在中国这个应该是个优势，但在这里一定程度上似乎成了部分造成纪律问题的“劣势”。第二，学生觉得外国教师不了解喀麦隆的生活、社会情况，那么撒谎似乎很容易能骗过中国老师，岂不知一些理由是何等的荒唐。第三，和孔子学院目前的师资队伍结构，包括教师年龄层次、性别比例和教师的工作资历、经历有关。一是很多当地学生了解到孔院的很多教师在中国只是个学生，和他们一样；二是部分教师的确从来没有从事过任何教学工作，或者没有任何的工作经历，这里的学生是她们的第一批学生，故而经常很难把握和学生之间的距离和交际模式，常常是热情有余，经验不足，没有处理好师生的角色关系。所以，更好地区分工作中的师生关系和课外的个人关系非常重要。

“我要改我的名字，我要叫伟子”

赴埃塞俄比亚公派教师　李　佳

刚来埃塞俄比亚的时候，接手了阿瓦萨大学汉语专业二年级。作为班主任，“备学生”是必须的，于是就赶紧拿了份学生名单，熟悉他们的基本情况。好家伙，不看不知道，一看吓一跳，各种奇奇怪怪的名字映入眼帘：秘密、宗教、伟大、自然、宝贝……感觉可以写一篇词语联想作文了。在后来的课堂中，也的确发现了各种不便：比如点名回答问题时，你会在课堂上听到老师不断地呼叫：“宝贝，这句话你会吗？”“秘密，不要看字典。”“宗教，听写准备好了吗？”说实在的，这些名字我真的花了很长时间才“消化、接受”了。同样作为中国老师，我也不能拆前辈老师的台，直接告诉学生，你们的名字都不太好，不要叫这些名字了。而且学生们每每谈到他们的名字，也都很自豪，很喜欢。他们认为他们的中国名字很酷。进一步了解后也知道，这是前年汉语老师给他们取的中文名字，基本是根据他们名字的意义翻译而来的。

在三年级时，正巧汉语专业开设了中国文化课，里面也正好有一章节专门是介绍中国姓氏、名字的。出乎意料的是，我还未开始介绍，便有水平较好的学生说：老师，您上次介绍了孔子、老子、孟子，我觉得我很喜欢他们的思想，所以我要改我的名字，我要叫伟子。无独有偶，还有学生说：老师我很喜欢太阳，以后我要叫太阳。甚至说：老师，您上次也介绍了毛泽东，我也很喜欢他，我以后要姓毛，叫毛泽西。简直脑洞大开。

所以正好借这个机会，我花了整整两次课介绍了中国人姓氏、名字的文化及习惯，让他们对中国人的姓氏、名字的由来和文化有一个彻底的了解。我告诉他们：首先，中国的姓氏和以下几个因素有关——母系社会，以母亲的名为姓；古代人以崇拜的动物为姓，如马、牛、龙；以封地封国为姓，如赵、宋、秦、吴；以祖先的官职为姓，如司马、司徒；以祖先的爵位和谥号为姓；以住的地方的方位和景物为姓；以职业为姓，如做陶器的人姓陶；以祖先的名号为姓，如中国人的祖先黄帝名叫轩辕，后来轩辕就成了一个姓。其次，“子”其实不是“孔子、孟子、老子”的名字，“子”是古代对人的一种尊称，是对那些有学问、对社会有很大贡献的人的尊称。一般人不随便称呼这个，而且现在也很少叫这个名字。最后，中国人取名字讲究辈分，为了尊重，一般晚辈不和长辈同名，老百姓也不能和皇帝同名。不像西方国家，或埃塞俄比亚一样，为了表示尊敬，儿子、孙子可以和祖辈同名或者把长辈名字沿袭为姓氏。

在“中国人名字文化”这一章节后，学生们再也没有嚷着要改名字叫“……子或太阳、毛泽西”了，而且都来向我讨姓氏，因为他们以前的中文名字里，基本没有姓。可见他们对中国姓氏、名字文化不但没有误会，反而有了一个深入的了解。

“来”和“去”+称呼

赴马拉维公派教师　陈艳龙

“来”“去”是汉语学习中常见而且非常重要的动词，教材给出的英文对应词是“come”“go”。但是在实际对外汉语课堂教学中，这样一对普通的词汇却可能造成不小的麻烦。

“来”表示空间位置的移动，一般是从远处到近处，说话者一般已经处于目的地，如“你明天早点来学校”“他来过家里了”；也可以表示时间从过去到现在的变化，如“从来”“向来”；还可以表示从现在到以后、未来的一段时间，如“来年”“来日方长”。

“去”用于表示空间位置的变动时，一般表示从这里到别处，或从近处到远处，这种用法跟“来”相对，构成反义词，这也是教材上给出的解释，如“去学校”“去超市”等，表示离开说话人所在的位置到别的地方；也可以表示以往的时间，如“去年”(多指过去的一年)“去冬今春”。

外国学生学习这对词时，常常从翻译对比的角度出发，如英语中常见的“go home”，学生认为对应的汉语就应该是“去家”。老师一般很难解释清楚为什么不能这样用。翻看古代汉语的解释就比较好理解，如《岳阳楼记》：便有去国怀乡，忧谗畏讥。此处的“去”当解释成“离开，离去”，后面所跟的名词应该是位移时的始发点，而不是终点，这样“去家”实际上是“离开家”而不是“回到家”的意思。可是要讲清这一点并不容易，这涉及汉语语义的变迁和保留。再者，学生在理解“去年”时也常常会产生困惑，这时教师就要做好解释工作，讲清此处的“去”实际上已经演变成形容词，相当于“上一个”“last”。

总之，在课堂语言教学中这样的事例不胜枚举，教者唯有多积累、多留意，方能在遇到问题时沉着应对。

称呼语是汉语学习中学生接触比较早的部分，欧美学生(尤其是美国学生)与教师之间相互直呼其名比较常见。但是如果迁移到汉语语境中来，则会造成误解。年长者和位尊者一般都很忌讳别人直呼其名，这时候汉语中表达尊敬的敬辞就需要教授给学生。

由于数千年的文化积淀及其形成的对不同社会群体的归属划分，汉语形成了独特的敬辞系统，人称敬辞就是其中非常重要的组成部分。恰当得体地使用人称敬辞不仅可以体现一个人的文化修养，而且可以使得双方的交流顺利进行。汉语的人称敬辞主要包括：(1)人称代词的敬语，如您、您老等；(2)职业敬语，如教授、高工、医生、老师等；(3)级别敬语，如部长、处长、主任等。人们在交际中，尤其是在不对称的交际中，很少直接称呼对方的姓名，而是使用上述三种敬语，有时甚至存在拔高使用的现象。

跨文化教学感悟：寄情融入，于理创新

赴加纳公派教师　樊　鹏

西非加纳与中国相距万里，两国间自然环境与历史文化存在着巨大的差异。从踏上这片土地的那一刻起，种种差异给我带来了挑战，同时我也积极思考着，如何抓住种种挑战中所蕴含的机遇，更好地进行汉语教学工作，走近非洲学生，让优秀的中国文化在这片非洲土地上生根发芽。

加纳因受英属殖民地的历史影响，英语为官方语言，另有埃维语等民族语言。加纳的文化以本国传统文化为主流，同时受到欧洲文化的影响，不少学生之前从未接触过汉语和中国文化。在教学工作的一开始,我察觉到学生们对新鲜事物好奇所萌发的求知欲,同时也注意到部分学生经过短暂学习后产生了“望而却步”的退缩心理。显然我不能一味在讲台上灌输而不理会学生们的情绪,要求非洲学生像中国学生一样迅速地学记汉字,领会中华文化。兴趣才是最好的老师。

我要做的是耐心引导学生们对学习产生热情,而不是强迫学生被动输入。非洲人天性喜欢音乐与舞蹈,在非洲校园内偶然也能观赏到神秘热情的非洲原著舞,走在路上可以听到身旁学生哼唱着黑人音乐。这让我产生了一个想法,何不让非洲学生学唱中国歌曲?听到老师要教唱中文歌曲,几个原本在课堂上比较沉默的学生主动提出愿意参与。而我的目的并不仅仅是活跃气氛,“唱得比说得好听”。能让学生愿意说汉语,说得出口,说得好,才是我真正的目的。我筛选出的中国歌曲既有曲之美又有词之精,例如歌曲《龙文》,学生们听的不仅是中国韵味,也要听发音,更要听其中的内涵。学生自己为歌词标注拼音是学习汉字的过程,讲解歌曲中涉及的背景知识是让学生感受中华文化的交流过程。我告诉学生们龙是中华民族的象征,学生们也告诉我加纳不同民族的图腾，这便是一种文化交流。

除此之外，剪窗花，写对联，包饺子，学茶道，学戏曲，练太极，通过这些丰富多样的形式，可以让加纳学生亲身体会到中国文化的博大精深，被中国文化的魅力所深深吸引，而任何一种非常规的教学传播形式都要求并激发学生更深入细致地学习汉语，使学生们看似轻松地玩，不由自主地学。

文化的传播终究是要靠人与人之间的交流达成的，传播文化，是双向沟通，是日常教学生活中的点滴交汇。我的教学工作不能只是独自站在讲台上唱独角戏，如若没有反馈互动便是失败的。我希望，也喜欢与学生进行交流。在课堂上，我鼓励学生踊跃提问并回答问题，任何一名学生都可以发问，我不急于给予最终答案，其他学生都需要思考提问者的问题，百家争鸣，集思广益，每个人都能参与其中才是良好的课堂气氛；在课外，我经常与同学们互动，尽我所能地去做一名良师益友。起初学生们与我刻意保持着师者与学生间的距离，但非洲人热情淳厚的天性没有排斥我，进而接纳了我，我与学生建立起了互信友好的关系。把握住年轻学生们喜欢使用社交网络的特点，我和学生们成为网友，学生们可以随时通过网络问我有关汉语与中国文化的问题。有学生和我说，这种形式消除了当面问答的紧张感，更像朋友间的交流。我入乡随俗，穿着当地特色的衣服，因此本土同事与学生觉得很有亲切感。我走近学生身边，走进一个学生的家，一个简单的加纳船屋，与一家普通加纳人同吃一种食物，和他们讲起我生长的祖国，而他们友善地为我介绍加纳的风土人情，并提供了一些当地生活的信息。与加纳学生长时间、深层次的沟通交流，让我也慢慢变成了一个“加纳通”。

在工作生活中，我时常遇到两种文化的碰撞，也了解到一些加纳人对中国人的刻板印象。同样，中国人也对加纳人有很多不理解，有一位中国同胞来加纳工作，对非洲人淡漠的时间观很不习惯。其实我在工作中也发现，常常会有学生迟到。近年来，随着中国经济飞速发展，中国人在海外投资工作的机会越来越多，来加纳投资的不再只是欧洲人，更多的中国人也来到这里寻求商机。作为一名汉语教师，肩负着文化传播的伟大使命，我有责任消除不同文化差异造成的不适。利用“白驹过隙”这样的典故，我告诉加纳学生，中国人自古以来珍惜时间，准时守信。同时，我还真诚地向学生们解释他们所听到的关于中国的"误传",中国正在努力建设小康社会,但没有违背中国文化里爱家爱国的理念和一些根本的传统道德准则。曾有学生有这样的疑惑,学汉语不如学经济学实用,他想让自己的家庭脱离贫困。我便告诉他,学好汉语不可能成为点石成金的秘法,但可以成为谋生的技能,汲取中国的传统智慧必然也会有助于人生的成功,"书中自有黄金屋",虽然这听上去很功利,但对于青年学子而言,这种改变自身命运、追求美好生活的良好愿望无可厚非。

这几年跨文化交际的经验告诉我,与处于另一种异质文化中的人们在情感层面上融入才是化解隔阂、消除障碍的关键所在,只有想他人所想,换位思考,理解他们,尊重他们,才会赢得他们同等的理解和尊重。要成为一名出色的外派汉语教师,必须时刻抱有一颗爱心,用满满的爱心去对待自己的学生、自己的同事和自己从事的这份事业。加纳经济发展相对落后,民众的生活十分贫穷,好多上大学的孩子都是靠救助或者借款支付大学学费的,加纳大学中文系的很多学生都无力承担去中国留学一年的机票、学费和生活费。今年有 17 名同学申请到了孔子学院奖学金,仍有不少学生没有得到任何形式的资助,看到他们哭泣的脸庞,我觉得我应该帮助他们,于是我动用了自己的人脉资源，多方协调，协助班上 10 名同学申请到了我国内工作所在省山西省的政府奖学金，圆了他们的留学之梦。看到他们喜笑颜开的样子，我也感到由衷的高兴。班上的艾思远同学获得了孔院奖学金，但没有钱购买去中国的机票，找到我，问我能不能借钱给他买机票，这名同学平时学习十分刻苦，还曾经获得加纳大学中国大使奖学金，我和加纳大学孔子学院志愿者王丽娜老师一人借了他 2500 元人民币，合计 5000 元人民币，让他能够远赴中国留学，此外我还借给班上其他两名同学各 1500 元人民币。我信任他们，我觉得这只是他们人生中暂时的困难，只要他们能够克服这一时的困难，在中国能够好好地把汉语学好，将来一定会拥有一个光明灿烂的美好前程。

寄情融入，于理创新。跨文化交际没有定则，书本上的理论只是提供了一个思考的框架，在跨文化交际中，必须根据当地的文化习俗、宗教习惯、风土人情做出适当的调整，才能有效地开展汉语言教学，传播中华文化。而拥有一颗爱心，用真情实意去帮助他人，去解决学生们在学习、生活中遇到的问题，是任何跨文化交际中的根本，没有情感投入的跨文化交际是不可能达到交际效果的，更无法保障语言教学和文化推广的有序开展。以情感架起沟通的桥梁，以理论作为交流的支点，跨文化交际才能有效开展下去，对外汉语教学和文化推广工作才能取得应有的成效。

坦桑尼亚中国武术教学案例

赴坦桑尼亚公派教师　郭守靖

案例一：太极拳及其文化教学

地点：驻坦中国文化中心

内容：太极哲学与养生实践

关键词：太极文化、传统哲学、健身实践

问题：

1. 太极拳是什么？

2. 什么是太极哲学？

3. 为什么练习太极拳能健身防身养生？

4. 如何实践太极拳的健身养生功能？

解决方法：

1. 介绍太极拳的运动形式

(1)徒手：太极拳。

(2)器械：太极剑、太极刀、太极枪。

(3)对练：太极推手。

(4)应用：太极散手。

2. 太极哲学是太极拳健身养生基础

(1)太极拳以阴阳为根。所谓太极，大而无界，小而无微，即大小无界限。其实都以太极为天地人物的本有之体，简称为本体，此体蕴含无穷的形象与无尽的功用，形象、本体、功用不相分离。太极在道家中一般是指宇宙最原始的秩序状态，出现于阴阳未分的混沌时期(无极)之后，而后形成万物(宇宙)的本源。

易成卦的过程，先是有太极，尚未开始分开蓍草(易占卜用蓍草做工具)，分蓍占后，便形成阴阳二爻，称作两仪。二爻相加，有四种可能的形象，称为四象。由它们各加一爻，便成八卦。这里讲的是八卦画出的过程。原与天文气象及地区远近方向相关，后来被宋代的理学家以哲理方式进一步阐释。阴阳（太极）图实由伏羲八卦方位图而来；由于酷似两条鱼，人们便叫阴阳鱼图，并画上了鱼眼，说离、坎两卦是阳中有阴、阴中有阳。真正反映八卦阴阳实质和阴阳规律的是卦序数图（失传）和卦数（洛书），每卦都有两个数。数字化是八卦的上乘最高境界，数学是科学的顶端。

太极拳的起势就是无极桩（庄子的混沌状态）起势，太极拳从开始到结尾，整个套路动作过程，都贯穿着太极运行理论：阴阳互变，独立不改，周行不止，负阴抱阳，阴阳互动，运气至柔。动作反映出：起承转合。动若江河，静如山岳。动中寓静，静中求动。运动过程将人体置于一个矛盾统一体中，也就是说人体在一个独立整体中体现呼吸、合开、虚实、动静、强弱、刚柔。

（2）太极拳以八卦为体。太极拳理中有“八门”之说，非单纯八种技法，遵循八卦，指多变，无极生太极，太极生两仪，两仪生四象，四象生八卦，八八衍生六十四卦。掤捋挤按，四种手法，可以任意组合，会演化出很多种技法，就像八卦衍生一个道理。

（3）太极拳以五行为用。五步寓意攻防原理应遵循五行相生相克之理。上下前后左右的攻防变化，如五行相生相克一样生克有序：前后、顾盼相生相克，但必须通过中心（重心）的调整转换实现。

(4)太极拳以和为圣度。是以圣人陈阴阳，筋脉和同，骨髓坚固，气血皆从。如是则内外调和，邪不能害，耳目聪明，气立如故……凡阴阳之要，阳密乃固，两者不和，若春无秋，若冬无夏。因而和之，是谓圣度。和，包括人与自然、社会的和谐，人体形与神的和谐，也包括人体自身状态的协调，即阴阳协调。太极拳养生的基本要求就是和，要求内外协调统一，周身一家，求整体，一动俱动，协调一致。

(5)太极拳以形神俱养。形：指形体，包括脏腑经络、肢体官窍、精气血津液等；神：指生命机能，包括精神活动和脏腑生理功能。形神关系：形者神之体，神者形之用；形生神，神驭形。形神统一是生命的完满状态。上古之人，其知道者，法于阴阳，和于术数，食饮有节，起居有常，不妄作劳，故能形与神俱，而尽终其天年，度百岁乃去。《素问·上古天真论》，养形——调养内脏、肢体、官窍及精气血津液等，养神——调摄精神情志活动。

3. 八条太极拳能健身养生的理由

(1)腹式呼吸，扩大了肺活量。

(2)气达四梢,强化了血液循环功能(筋骨要松,皮毛要攻)。

(3)汗腺通畅,保证了新陈代谢。

(4)以意导动,弥补了人体机能后天不足。

(5)用意不用力,提高了神经系统的敏感度。

(6)运动适度,保持了人体机能的中和态。

(7)运气致柔,防止了关节、韧带的老化。

(8)松、静、空、灵,陶冶了超然脱俗的心境。

反思:

2017 年 7 月 15 日,作为在坦桑尼亚举办的中国非物质文化遗产周活动之一,中国文化中心邀请我做了题为“太极哲学与养生实践”的讲座,当地 60 余名中国文化爱好者兴致勃勃到场聆听,观摩太极拳技击演示,学习了太极拳的部分基本动作。

太极拳是国家级非物质文化遗产,以中国传统儒、道哲学中的太极、阴阳辩证理念为内核,集颐养性情、强身健体、技击对抗等功能为一体,并融合了中医经络学、古代的导引术和吐纳术等传统文化元素。太极拳动作轻灵、柔和、飘逸,讲求刚柔相济、内外兼修。在现代都市快节奏的生活压力下,练习太极拳更能让人找回内心的平静，体味东方文化的独特审美价值。

讲座能够以生动精练的语言系统阐述太极拳的渊源和蕴含其中的中华文化、哲学、传统医学理念和健身价值，并结合对太极拳气息调整、步法动作、太极推手的现场演示，带领大家领略太极拳的风格特点，加深大家对太极拳的认识。

活动结束时，有的学员兴奋地表示："我从小对中国功夫很向往，郭老师的讲解让我对学习太极拳更有兴趣，我希望练习太极拳来强健体魄、认识更多的中国朋友。"

案例二

地点：坦桑尼亚达累斯萨拉姆大学

内容：功夫课教学——中华鞭杆武动马赛短棍

关键词：中华鞭杆、马赛伊短棍跨文化交际

问题：

短棍教学是坦桑尼亚达累斯萨拉姆大学孔子学院功夫课堂的一个模块，分四段共48个动作，40个学时，可以单练，也可以对练。

2017年5月15日至2017年6月9日，上学期最后一期功夫选修课，培训学员中华鞭杆，体验短棍技术和对练运用，参与表演和功夫宣传。学员们顺利完成教学任务，并成功参加了驻坦中国文化中心举行的中国非遗文化周开幕式表演。

首先，要让学员了解中华鞭杆的风格特点，与非洲马赛人的短棍类似。中华鞭杆来自中国西北部，是以西北牧民所使用放羊鞭的"鞭杆"作为武术器械，集结中国武术的棍、刀、剑、枪等基本技术创编的一种独特风格的短棍技术。

马赛人成年男性普遍使用短棍，一头稍粗头圆，另一头稍细头尖。随身携带，从不离手，放牧时用以驱赶牲口，外出时用于防身。短棍成了马赛男性一件标志性的器物。

既然中华鞭杆与马赛短棍的功能和特点相似，那么我们就在孔子学院功夫课堂上教授短棍技术。一来能让坦桑学员了解中华文化，习得中华短棍技术；二来以中华鞭杆促进中华武术文化与马赛牧民文化的交流。

解决方法：

我课上的学员大多知道中国功夫中有棍术，但没有人知道还有短棍，更惊讶放牧用的鞭杆也能当作武术器械。就此，我告诉学员：中华武术一部分来源于古代战争武技，另一部分就来自日常生活和劳作，体现了中华文化的使用性特点。

课堂所用器械是信手拈来的，是马赛人的学员直接使用自己随身携带的短棍，其他学员来之前带根短棍。有的学员忘记带了，就地取材，取根树枝就可以练习了，人人都有成就感。

内容顺序教学打乱套路，第一段和第三段同步教学，第一次课教三个第一段动作和三个第三段动作。第二次课则将第一次课的六个动作进行对练教学。以此类推，完成第一段和第三段教学后，进行小测试：完成独立演练和对练两个环节测试。合格后再进行第二段和第四段教学。

用坦桑尼亚民俗手鼓作为短棍表演的背景音乐。在背景音乐的选择上，我并没有选择国内名曲或典型的中华古典音乐，而是选择富有坦桑尼亚风情的手鼓作为表演的背景音乐。节奏欢快，牧民野性中渗透着柔情，集体练习后对练，表演中也更实用。

参与表演，向非洲人民宣传中华武术文化，讲述中华武术故事。当然，武术文化的传播不是推广武术表演，但武术表演可以作为检验习武群体掌握武术水平测试的一项活动，也是武术文化传播的一个途径。我们要注意的是，进行武术表演时注重武术精神，不能为了表演而表演，表演时一定要赋予其文化内涵。因此，即便表演也要让观众看到表演中的武术精神，精神一定是民族文化的精髓。

反思：

文化没有优劣，也不在乎强势或弱势，在于认同。文化传播在于交流，文化交流在于互通互融。中华鞭杆教学，以牧民相互认同的游牧文化元素为基础，用马赛短棍展示中华鞭杆技术，以中华短棍技术舞动马赛短棍，本身就是一种文化交流互融。今后的武术教学，要多走民俗化道路，从中华武术的象牙塔上走下来，以适应当地文化、当地人群需求为目的，体现武术的兴趣性和实用性价值。

建议其他武术项目教学也可尝试这种教学方法。比如太极拳教学，大家会有一个误区：非洲人民对刚劲迅猛的竞技武术感兴趣，不喜欢柔和缓慢的太极拳，其实不然，非洲武者喜欢摔跤，勇于对抗，更喜欢武术的运用。

如何在教学太极拳套路动作的同时，教授太极拳的推手应用，讲解每一招式的攻防含义，非洲习武者一定喜欢。太极拳的柔和缓慢只有太极拳练习的方法和手段，柔和化来力，缓慢求整劲，能以此控制对手，学员就有了兴趣。我是这么教授太极拳的，下次有机会与大家分享太极拳教学体悟。

一次失败的传播：端午节文化讲座

赴毛里塔尼亚公派教师　黄桂萍

使馆举办中国文化周，应使馆的邀请，李老师打算向来参观文化周的来宾讲中国传统文化之端午节，李老师向来宾介绍这是中国古老的传统节日，始于春秋战国时期，至今已有两千多年历史，过端午节，是中国人两千多年来的传统习惯。端午节在阴历五月初五，也叫“端阳节”“蒲节”。关于端午节的由来，传说很多，有纪念屈原说、纪念伍子胥说、纪念孝女曹娥说、古越民族图腾祭说等，现在普遍认同纪念屈原说。来宾们并不了解中国历史，纷纷就着 PPT 提问屈原是谁？他为什么要投江？李老师一一解答大家的疑问，接着又有来宾提了很多有关伍子胥和曹娥的问题，李老师不得不又做了一番解答，眼看很长时间过去了，有些来宾不耐烦地离开了，李老师还没来得及讲端午节的习俗。

在介绍端午节时，李老师介绍了许多有关端午节的来历，对于根本不了解中国历史的来宾来说很难理解，他们便提出了各种问题，致使李老师无法按时完成要展示的内容，李老师该如何把握讲座的节奏？

李老师在介绍端午节的来历时可以选择普遍被人们认同的纪念屈原说，其他的可以简单带过或者不提，这样来宾们就没有这么多的困惑，也能专注于纪念屈原说，而李老师也有足够的时间向来宾们讲解端午节的习俗，能够让他们对端午节有整体的了解，确保按时完成讲座内容。此外，应丰富体验环节，增加一些能让他们体验端午节的习俗和文化传统活动，比如一起包粽子，有条件还可以组织赛龙舟等，丰富活动的内容。

中华文化博大精深，教师最容易引申过度，拉得又长又远，而忽视了讲座对象本身的知识水平和理解能力，从而降低了他们的学习热情，挫伤了学习的积极性；同时，也影响了讲座的效率和效益，无法按时按质按量完成讲座的内容和目标。因此，在中华文化教学中要注意循序渐进,引申要适度,不要拉得太远,教师要能够控制好节奏,把握要讲的内容,尽量做到收放自如。这样,才能避免顾此失彼、主次不清。对于社会性的文化活动应该以体验为主,使来参加活动的外国人在体验中增加对中华文化的了解。

一人一双筷子

佚　名

“宋华：‘林娜，刚来的时候你说过，如果每天让你吃中餐，你就会饿死。现在你不但喜欢吃中餐，还学会了做中国菜。’”

“林娜：‘可不，现在如果一天不吃中餐，我就会觉得有点儿不舒服。’”

这是《新实用汉语课本》中的句子，卡拉里大学语言学院中文系三年级学生学了这几句话后，对中餐充满了兴趣，他们一再地问：“老师，中餐真的那么好吃？”我说：“喀土穆有家中餐馆很有名，价钱也不贵，这个周末我带你们去尝尝。”

星期五下午五点钟，十个同学应约而至，来到了位于迈德尼西街非洲大学旁边的中国拉面馆。该面馆以国内正宗拉面为特色，在做工、用料、服务等方面都不次于国内城市里的高档拉面馆，食客以在苏丹的中国留学生为主，也有越来越多的苏丹人来这里尝鲜。

精干热情的苏丹服务员给每人端上了一碗色香味俱佳的牛肉面，还上了一大盘凉拌牛肉和几个小盘凉菜，十双筷子被一一递到各人手里。我给大家细心介绍了牛肉拉面的一清二白三红四绿五黄，介绍了桌子上的酱油、醋，各种凉菜。闻着喷香的味道，看着诱人的颜色，学生们手中的筷子却发挥不了作用，他们恨不得像吃苏丹饭那样，直接用手去抓、去捞，可是，碗边摸一下都很烫，谁还敢把手伸进汤里面去？

我先给同学们简要讲解了筷子的握法和用法：使用筷子时，正确的方法是用右手拿筷子，大拇指和食指捏住筷子的上端，另外三个手指自然弯曲扶住筷子，筷子的两端一定要对齐。然后，我又向同学们演示怎么拿筷子、怎么夹东西、怎么往嘴里送。只有一两个人领会了要领，有几个学生一手一根筷子，却怎么也不能把面送到嘴里，另外几个则把两根筷子一端攥在手心，再把另一端伸进碗里，把面一点儿一点儿地绕到筷子上，这样做不是绕得太多，就是太少，并且面汤四溅。

好不容易多数人把碗里的面解决了，大家说："这面好吃，可吃起来很难。"

这时，我问他们："大家现在能理解中国人为什么用筷子吃饭了吗？"大多数人陷入思考，赛亚布像在课堂上回答问题一样，举起了右手，他说："我想，这主要是因为中国人喜欢吃很热的饭菜，这样的饭菜是不可能直接用手抓的，筷子是解决这个问题的好办法。"伊斯玛仪问道："中国人为什么喜欢吃很热的饭菜？"其他同学说这是因为中国天气太冷的缘故。

我概括道："同学们说的绝大部分都非常有道理。中国文化历史悠久，几千年前的中国人用木棍、竹棍吃饭，那是最早的筷子。中国人吃饭用筷子不但与中国的气候有关，也与中国古代的自然条件有关。非洲和很多其他地区的人用右手吃饭，欧美人用刀叉吃饭，这都是不同的文化习俗，都是人们适应自然的结果。"

这时，赛亚布突然说："老师，哪里能买到筷子？您能帮我们一人买一双筷子吗？我们回去要多练练，要不然，以后到中国去，跟朋友去吃饭，那不把手烫坏了。我可舍不得。”

我说：“我家里有筷子，下周去学校，我每人送一双筷子。”

我们的聚餐在笑声中结束。学生们在笑声中又向中国文化走近了一步！

文化与交际篇

非洲的时间观念

赴津巴布韦公派教师　施　健

谈起非洲人的时间观念，西方有种流行的说法叫作"No hurry in Africa"，意思是在非洲，没什么着急的事儿。而在非洲当地，南非俚语中"非洲时间"（African time）就是"不守时"的代称；在西非，更有人将"西非国际时间"（Western Africa International Time）缩写成WAIT（等待），以此调侃当地人不守时。很多在非洲生活过的中国人回国以后，在赞叹非洲旖旎的自然风光和充满异域风情的社会生活的同时，也会跟朋友抱怨"非洲人不守时"，而那些没有去过非洲的朋友们往往不假思索地就把"不守时"的特点跟非洲画了等号。这样一来，"非洲人不守时”的说法也就慢慢在中国人当中流行起来。

我在上课的过程中也遇到了这样的情况，比如应该两点上课，可是学生起码会在两点一刻之后才慢慢悠悠、稀稀拉拉地走进教室，等学生全部到达起码要等到两点半以后。我很生气，觉得学生不遵守课堂时间，也着急于书上的内容讲不完会拖延进度，因此我会批评他们，也会向领导抱怨，但都没有明显的效果。

经过一段时间的工作以及和当地人的交流之后，我了解到：首先，在传统上非洲人对时间的认知有其独特之处。其时间观念源于他们对人类活动或自然现象的观察和体验，他们总习惯于把时间与天象和农事等联系起来。这样的时间描述往往很粗略，这也就造成了传统上非洲人对时间的认识并不像以分秒来计算那么精确。比如说两点，在当地人眼中，就可能意味着两点到三点这段时间。其次，迟到在非洲并不能算是一种普遍现象。很多外来者可能往往只关注新闻发布会上少数几位嘉宾的迟到，却没有留意早已到达活动现场的数十位记者；只看到当地一些人上班上学迟到，却并不了解他们为了节约车费，凌晨五点就从位于贫民窟的住所出发，步行三个半小时才到达工作地点。我的学生中有一部分迟到就属于这种情况。另一个原因是这里的课程之间并没有课间休息时间，也就是说，就算一下课学生就从一个教室赶往另一个教室，也毫无疑问会迟到。

对此，我有以下解决办法：首先，我跟学生强调，必须在规定的上课时间十分钟内到达教室，否则会记录在考勤表上，影响期末成绩。其次，我会在规定的下课时间提前五分钟下课，给学生留一些时间赶往下一个教室；也向其他老师提出请求，希望他们也能提前几分钟下课。最后，在课程开始的前十分钟我并不讲课本上的内容，而是针对学生期末将要进行的 HSK/HSKK 考试进行辅导和练习，这样既不会让按时到达的学生无所事事等着，迟到的学生也不会耽误上课，可以从我这里拿到材料自己练习。

经过对“非洲时间”的理解以及教学策略的改变，我渐渐地发现迟到的学生越来越少了，除了有充分的时间到达教室之外，课堂前十分钟的辅导被学生们所看重也是一个重要的原因。我们身处非洲，对于当地人，我们首先要有的是尊重，然后是了解。首先要认识与了解非洲的情况，才能更好地调整自己，更好地与当地人相处，也能在工作中事半功倍。

爱和陌生人打招呼的尼日利亚人

赴尼日利亚公派教师　王　姗

来尼日利亚两年，不论是在校园里，去市场买菜，还是去参加聚会，经常会有很多当地人（大人孩子都有）和我打招呼。特别是在校园里，因为我下午经常在校园里顺着大路跑步或是散步，经常有学生和我打招呼，会说汉语的就说“你好”“你好吗”，不会说汉语的学生或是有些走路的大人或孩子就经常会说：“Good evening。”刚开始时，我非常不适应，当他们跟我打招呼时，我总会感觉很奇怪，并问自己：“这个人我认识吗？这个人是我的学生或是学生的亲戚吗？我怎么没什么印象？难道我在哪儿见过之后忘了？”有时候还要费尽脑细胞地想啊想。

后来，在教学过程中，我才慢慢从学生那里知道了真相。有一次，一个刚学习汉语的学生来到孔子学院，他每个老师的办公室都打招呼，当然也和在老师办公室的所有的学生打招呼，毫不夸张，几乎是跟孔院的所有人打招呼了。我就很好奇地问他："你人缘这么好啊，怎么这么多人你都认识呢？"他笑了笑说："老师，有些学生我并不认识啊！"我反问道："不认识你怎么还打招呼呢？"他说："老师，在尼日利亚，我们不认识的人也可以打招呼啊！打过招呼之后说不定你就认识了呢？"这时我才恍然大悟，原来之前跟我打招呼的，有些根本就不认识我，只是看到我是中国人就跟我打招呼。

我认为，造成这种差异主要源于中国的围墙文化。中国的围墙文化"是在小农经济基础上产生出来的封闭文化、保守文化"，"它反映和适应着人们以自给自足，万事不求人，封闭隔绝的心态，营构孤独隐秘的空间，恪守'鸡犬之声相闻，民至老死不相往来'的独行寡居、自保守安的生活习惯"，时至今日，这种围墙文化还在影响着中国人的思维方式和行为方式。围墙里是圈内之人，围墙外的是圈外之人，因此中国人一般不和陌生人（圈外之人）打招呼。我们在生活中也常常说"不和陌生人说话"，这正是我们围墙文化或是自我保护意识的一种强化。相反，尼日利亚人的文化却不是这样，他们有着很淡薄的“围墙”意识，甚至没有，再加上他们天生的外向热情的性格，所以喜欢主动问候陌生人。

对此，我的建议是在日常教学中，当课文中教授问候和寒暄的句子时，汉语老师可以先讲中国打招呼文化的注意点，并以这些例子来说明中国和尼日利亚人在打招呼上的异同，提醒学生到了中国后不要太过热情，不认识的人一般就不要打招呼了，以免产生误会。

师生关系也要入乡随俗

赴纳米比亚公派教师　汪延伟

在中国，教师表现出为人师表的形象，庄重、严肃，言谈举止中常带有教师的尊严，着装上也比较讲究传统、正派，师生关系相对比较融洽，但是界限比较清楚；课堂上纪律严明，要求学生认真听，认真记，教师提问、学生回答，学生也不会主动回答问题或自由发表自己对某个问题的不同看法。而在西方，教师为人师表的概念不强，着装比较随意，不掩饰自己的喜、怒、哀、乐，与学生的关系非常融洽，师生之间关系平等，无拘无束，平等相待，打招呼时可以直呼其名；课堂气氛活跃、和谐，请学生回答问题时允许学生交头接耳、大声讨论，还让学生随时提出问题。由于受到中国传统教学模式的影响，期望外国学生能像中国学生那样在课堂表现很难让他们理解并接受，学生在课堂上的散漫、不拘小节、争先恐后回答问题等表现常会被误解为对老师的不尊重，或者学习不认真、不配合，不喜欢老师的课。除了课堂以外，老师跟学生基本上没有什么互动交流。哪怕跟学生相处了很久，彼此还是缺乏基本的了解。

作为生活在当代的老师，有些传统观念的确要能与时俱进；现在从事的是对非洲大学生的对外汉语教学，更需要我们因地制宜、因材施教，尽快做到入乡随俗。比如我刚来北部教学点的时候，就遭遇了礼节上的尴尬。那时还没怎么熟悉当地环境，一天在学校门口粘贴宣传海报，远远有几名穿着黑色竖条粉色短袖无领衬衫的黑人朝我挥手致意，然后走到我跟前，用肩膀撞击我的肩膀。眼瞅着粗壮的黑汉子，着实吓得我冒出一身冷汗，以为他们想攻击我并实施抢劫，我本能地退到校门内，不停问他们想要干什么，最后他们一脸无奈悻悻走开了。后来现场保安告诉我，这是当地奥万博族男人问候的特殊礼仪，是表示对对方很敬重，想要结识对方才会做出的举动。无巧不成书，第二次见到这几名黑汉子是在我的办公室，他们看到海报想来注册学习汉语，这时候我主动站起身来，向他们伸出肩膀，表达我诚挚的歉意，之后我们成了好朋友。可见，入乡随俗，了解并学习当地的文化习俗非常重要，要尊重对方的风土人情，尽快融入异乡的生活，才能让工作开展起来更顺利。比如尝试用当地的食材以中国的方式来烹饪，将当地热情奔放的舞蹈跟中国的艺术形式有机结合起来。

还记得一次在学校食堂，我点好餐，将餐盘端到一张学生很多的餐桌旁，并主动跟他们打招呼。边吃边聊学习生活及对未来的畅想，最后还请他们教我 Oshiwanbo（纳米比亚最大的族群奥万博族的语言）的一些日常用语，包括打招呼、致歉、感谢、道别等。在之后的日子里我经常会跟当地人包括学生用本土语言交流，这样会不断拉近彼此的距离，增进互信和友谊。有时间我还会参加当地人的婚礼和其他聚会，看到他们就餐时不分餐、不用刀叉，用手抓一种玉米粉做的糕状物，捏碎后送到嘴里，末了还吮吸手指上的残留物。而且他们喝饮料和酒，不是各用各的器皿，而是邻座的互相共用一个瓶子，有学生递给我他们喝过的瓶子，我心里是拒绝的，只能找一万种理由来婉拒。后来还是有学生读出了我的心思，他们告诉我共用酒瓶子在当地很普遍，这样才显得彼此很亲近。我也慢慢地放下思想包袱，开始接纳他们的饮食方式。

可见，良好的师生关系绝不能局限于课堂上的教学，课后生活才是了解学生的更宽广舞台。要让他们觉得你真正融入他们的生活，俨然是他们生活圈子里的一部分，他们才会对你表达发自内心的尊重，并有更强烈的欲望跟你打成一片。当他们明白你是真正关心爱护他们，他们也会对你报以真心。

What do you bring for me

赴尼日利亚公派教师　苏桂梅

2013年抱着对非洲之父史怀哲医生、非洲佛法之父慧礼法师的敬仰，对海外汉语教学工作的热爱，受国家汉办委派，经过4个月漫长烦人的签证手续后，11月中旬当地时间中午12点半，我飞抵离任教地最近的尼日利亚拉各斯机场。

从家里出发几经周转到拉各斯，旅程是30多个小时，我渴望着到机场后好好休息放松下。没想到在机场过关检查时，一个个工作人员问我们乘客要钱，尤其针对中国人。机场是一个国家对外的脸面，应该笑迎四方来客，拉各斯机场人员的做法真让我觉得不可思议。我拒绝了他们，因为我觉得没有给的理由，但心里早已被泼了一盆冷水。

等了足足一个多小时取了行李后，出机场门还要检查，行李拉车要收费，而我没有本地的钱币，学校派来接我的人也不见踪影。好在我提前做了两手准备，提早联系了在拉各斯工作的一个朋友。朋友在取行李处等我，付了三千奈拉小费，于是我享受着免检、免推行李的贵宾待遇，就这样出了机场大门。朋友还热情地要请我吃饭，我想再怎么样第一天学校也会接待我吧，于是我拒绝了。

终于看到来接我的司机了，司机很热情地和我打招呼，领着我走向汽车，但是对帮我拿行李就不太喜欢了，又大又沉的行李估计是有点吓着他了。我这时渴极了，也饿极了，但接我的人也没有说请吃饭，也没有说请喝水。就这样一路颠簸了4个多小时，终于到了距离约100公里以外的贝尔中学我的住处，已是晚上6点多。

我想学校总有人请吃请喝吧，没想到司机把我扔下后，从周六到的那一天直到周一去上班的两天时间里，一个过问的人也没有。司机还传达了校长的命令，为安全起见，不能出住处外。回想对比自己曾外教过的老挝人民的热情，我真是沮丧极了。还好有过外教经验，我是全副武装出来的，蚊帐席子毛巾香皂带来了，干菜咸菜八宝粥小米电饭锅碗筷带来了，关闭一星期我也不怕。

出来前只想到非洲的贫穷落后，没想到风土人情还和中国、东南亚有如此大的差别，我知道摆在我面前的还有很多跨文化差异，我必须保持积极乐观自信的心态，避免消极回避，甚至敌对的态度，实现同当地人，特别是同学生的和谐交际。只有这样，才能够更好地开展汉语教学工作。还好，周一到学校时受到了全校师生的欢迎，这要感谢前几任的汉语老师打下的良好的人文基础，尤其是我的前任王振鹏老师和贝尔师生结下了深厚友谊。

但是发生的一件事情还是令我难受了很久。

从第一天在拉各斯机场被机场工作人员要钱后，在工作学校、住处、周边的商铺也常常被他们一而再再而三地问“What do you bring for me”，尤其是假期返回时被问得最多。最初我感到很难过，但一想毕竟我从遥远的中国来，带给他们一点礼物是应该的，也是一种友谊的表现，而且我一向喜欢送东西给别人，佛说“施乐于受”，每一次送点礼物给别人我都会很高兴。我为自己不能准备太多的礼物而自责，我向他们道歉，表示下一次一定带来。后来每一次度假回来时，我都基本只带送给他们的礼物，我自己的日用品则尽量在当地购买。我送给他们茶叶、中国纸扇、中国丝巾等，每次都是批量从网上购买，过关检查整理行李时，别人总笑问我是不是做生意的。平时做的馒头包子等食物，还有买的水果饼干，自己种的木瓜等，我都会带些给他们，他们开心，我也很高兴，很快我和他们结成了好朋友，大家一起相处，其乐融融。

然而很快我就生气了，因为所有的人都问我要礼物。认识的、不认识的，学校里的、学校外的人，都问我“What do you bring for me”，给了还再问。甚至有的人开着轿车从我身边经过会停下车问我要礼物，有的人老远地追着我问，让我感觉自己好像亏欠了他们所有人，我有点生气了。在中国，从小我们被教育要自力更生，要自尊，要懂廉耻，宁可饿死，不吃嗟来之食。我感到无比的惶恐，我不明白、不理解他们的行为。因为问我的人有穷人，但也有很多是有钱人。有一段时间我苦恼极了，也很愤怒。有时我也会机智地反问他们：“你想要什么？”这时他们也会一笑了之，但无论如何我的表情还是让他们感觉到了不友好。渐渐地，问我的人少了，但我也感到了一丝隔阂。我不安了，我不希望出现这种不和谐的局面。

在一次和同事的聊天中，我讨教了他们这个问题，也谈了中国人的观念，说起了自己的苦恼。同事告诉我说这只是尼日利亚人的习惯，是中尼的文化差异，叫我大可不必难过。他们告诉我，尼人问我："What do you bring for me?"其实是对我从中国回来的欢迎。平时问的"What do you bring for me"就像中国人见面问"你吃饭了吗"一样，是一种问候，我只要回答"没有带""很抱歉"或"下次给"就可以了，还可幽默地问"你想要什么"。经过交谈，我明白了缘由，也最终释怀，重新以快乐的心情和他们和谐相处。

"What do you bring for me"曾经一度造成我和当地人交际隔阂，尤其使我心里不舒服。我认为主要原因是我的母语文化与当地文化差异造成的。我没有了解我们之间文化的异同，没有打破原有的母语文化思维定式，造成了我对他们的误解，也给自己带来了压力。

为了解决这个问题，一方面我让他们看到了中国人的热情开朗大方好客重情义，另一方面也和他们进行了相互沟通，相互间真正设身处地地领会对方的思想和感情，从而避免产生误会和交际偏差。

通过这一事件，我认识到在进行跨文化交际之前，首先要尊重当地文化，应当多了解、多吸收异文化的文化知识，尤其是语用文化知识。其次应注意分析母语文化与异文化的异同，多关注二者之间的差异部分，提高文化敏感度，多与当地人交流，求同存异。通过多理解、多接触来打破原有的思维定式，以推动交际顺利进行。另外，还应当注意真正设身处地地领会对方的思想和感情，才能够避免误会和交际偏差，消除隔阂，相互沟通，提高移情能力。

我在摩洛哥的一次跨文化交际的失败与思考

赴摩洛哥公派教师　段芳芳

2013年底，初到摩洛哥的时候，人生地不熟，由于本身是英语专业出身，我对阿拉伯文化知之甚少，在和当地人交流过程中，难免会遇到很多跨文化交际的问题。宰牲节，是穆斯林三大节日之一，热闹非凡，节日当天，当地人宰杀羊、牛或骆驼作为牺牲献礼。为缓解我思国念家的孤独感，很有幸被学生邀请去家里一起过节，目睹了宰杀的整个过程，各种美味菜肴的具体做法。席间大家谈笑自如，介绍中国文化的博大精深、摩洛哥的古罗马遗址，对比中摩文化的异同等，当然少不了各种美颜拍照，由于女同学在自家，没必要围头巾，我们的很多漂亮照片当然也是没有围头巾的，回家以后，抑制不了内心的喜悦和激动，就把我们合影的照片发了社交媒体，然后就被学生要求赶紧删除。

我们就思考，为什么会出现上述的交际失败呢？首先我们做了以下应急措施：赶快应学生要求删除照片；向学生赔礼道歉，并解释原因，由于初来乍到，还未来得及深入了解穆斯林文化；抓紧时间学习伊斯兰国家的其他禁忌和礼仪，保证这样的错误不再发生。

从这件事情当中，我们得到了以下的注意点：

1. 在阿拉伯国家，妇女大多信仰伊斯兰教，据《古兰经》记载，头巾包裹可以遮盖羞体，只有手、足、脸不属于羞体，可以外观，其他的部位都不可以给除了丈夫、兄弟、亲人之外的男性看到。由于在赴宴前，缺乏对阿拉伯文化足够的了解，才导致以上错误的发生。因此，在发合照以前，最好先征求一下当事人的意见，这不管在国内国外都很有必要，然而值得庆幸的是，在学生的及时通知之下，我能亡羊补牢，将照片及时删除，没有影响到学生的正常生活，给她造成不必要的困扰，我们的师生友谊也没有因此受到任何影响。

2.初到异国,我们必须首先了解当地文化背景知识以及社会风俗习惯,观察异国文化、文化禁忌,随时将它与我们的自身文化进行对比,减少跨文化交流中的负面影响,才能逐步增强自己的跨文化意识。

在毛里塔尼亚的送礼问题

赴毛里塔尼亚公派教师　黄桂萍

最近蒋老师受毛里塔尼亚朋友邀请去家里做客，他很为难，不知道送什么礼物合适，因为他听说穆斯林可以娶四个老婆，如果家里有四个老婆就意味着孩子很多，这么一大家子人想送任何礼物都显得寒酸。如今的毛里塔尼亚穆斯林是不是普遍都娶了四个老婆？家庭人口规模是否有所变化？去当地人家做客一般带什么礼物？

事实上，《古兰经》主张一夫一妻制，并不提倡多妻，但在特殊情况下，规定最多可娶四妻。此外，《古兰经》允许离婚，但规定男女双方确定在感情破裂，并经公证人调解、挽留后仍无法共同生活时，均有要求离婚的同等权利。离婚后，男方可以再娶，女方在三或四个月后方可改嫁。

随着生活水平的日益提高，人们对家庭生活质量越来越重视，同时伴随着女权主义的觉醒，现代的毛里塔尼亚男人一般只娶一个老婆。家庭出身好的女性在婚前就与男方协议只能娶一个老婆，并做好了婚前财产公证，一旦感情破裂就协商离婚，各自再婚过上自己理想的生活。一般男性离婚后更容易再婚，而女性则更多要考虑孩子的成长问题，宁可选择独身。因此，一般家庭的规模都不大，也很少有同时娶几个老婆的情况。

蒋老师大可不必担心大家庭的问题，而毛里塔尼亚人对客人也没有太多讲究，礼物可带也可不带，但是根据我们中国人的习惯不空手去做客，可以带些饮料或水果。

我不能和你握手

赴尼日利亚公派教师　唐巧华

有一次，我和同事去尼日利亚首都阿布贾旅游。阿布贾是尼日利亚的首都，许多民族在这里聚集，其中要数信奉伊斯兰教的豪萨人最多。一天，我和我的一个男同事去一所中学拜访校长（男，豪萨人）和校长助理（女，豪萨人）。见面时，校长和我的同事握手表示欢迎，我习惯性地、礼节性地伸出右手要和校长握手，没想到校长跟我说："对不起，我不能和你握手。"我只能尴尬地把手缩回去，我一头雾水，不知道应不应该和校长助理握手。没想到这时校长助理友好地向我伸出右手，我迟疑了一下，然后把手伸出去和她握手，然而她并没有和我的男同事握手。校长大概是意识到了什么，马上解释道："我们是穆斯林，穆斯林异性之间是不可以握手和有身体接触的。"我们恍然大悟。

尼日利亚豪萨人和富拉尼人主要居住在北方，信奉伊斯兰教。根据伊斯兰教规定，除夫妻之外，穆斯林男女见面时不可以握手，"穆斯林妇女不能与陌生男子单独会见或握手"，像中国古代的"男女授受不亲"。尼日利亚北方的豪萨—富拉尼族笃信伊斯兰教，异性之间一般不可以握手，中国绝大多数人是没有宗教信仰的，异性之间是可以握手的，因此当中国人碰到信奉伊斯兰教的尼日利亚豪萨人、富拉尼人时，应该注意这个禁忌。

中国教师到尼日利亚北方时，那里居住着很多穆斯林人，应该入乡随俗，了解到异性之间是不能有身体接触的，所以不要和信奉伊斯兰教的豪萨人、富拉尼人的异性握手，否则会引起很大的麻烦。

双手的礼仪

赴加纳公派教师　曾卫军

志愿者教师小周与其他志愿教师一起被派往非洲加纳，到达所属孔院后，受到了外方工作人员的欢迎，他们还教小周他们握手时打个响指，说明他们是非常好的朋友和兄弟。第二天上班的路上，小周遇见了外方院长与其他几位外方工作人员，于是小周便立即打招呼，并主动上前先与外方院长握手，再与其他几位外方人员握手，但是他发现有些外方人员脸上稍微露出不悦之色。他没有在意，以为只是不太熟悉罢了。过了几天，小周又遇到那几位外方工作人员。当时他右手抱着一叠书籍，只好用左手与他们握手，没想到本来是笑容满面的外方人员一下子拉下了笑脸，握手也是敷衍了一下就松开了，没有像以往那样和他一起打响指。随后的几天他发现这几个工作人员见他时也没有以前那么热情了,甚至不太理他。小周觉得很纳闷,但不知道问题出在哪儿。

小周去集市上买东西时也遇到一些奇怪的事儿。那些商贩见到他时都热情地招呼他。但有时当他翻看摊位上的货物时,摊主却沉下来脸朝他直摆手,不让他碰他的东西。去了好几个摊位都是这样,尤其是那些卖熏鱼、烤鸡等食物的摊位。他有些生气了,心想哪有买东西不挑拣的,你不卖我还不买呢,便转身就走。但他一转身,那些摊主又朝他招手,口里说着"come,come"。他觉得这些人拿他当猴耍,便生气地离开了。他每次去市场买东西时都会遇到几次这样的情况,有的时候摊主任他挑选,但有的时候摊主却不允许挑选。他实在是无法理解这是什么原因。

上文展示的是一位到非洲国家教授汉语的志愿者,因文化差异而产生的在人际交往和生活中的不适应,这主要是因为对当地的交际方式和风俗习惯了解不够。

产生这种不适应的原因,一是不了解中国与非洲国家加纳在人际交往中握手的礼节,二是不知道在加纳这个国家双手使用的禁忌。在加纳以及非洲许多国家,熟人好友之间见面通常会在用力握手之后，再用彼此的拇指和中指交叉打一个响指，这表示他们之间非常友好的关系。在小周与外方人员第一次见面时他们便教他这样做，说明他们非常喜欢小周，把他当作他们的朋友。但还有一个握手礼仪是小周不知道的，那就是在加纳，当你遇到几个人在一起时，不管身份的高低，要按从右到左的方向与对方握手，以表示对对方所有人的尊重。而在中国，当你与一群人握手时，一般都是根据身份地位和职务的高低来确定握手的先后顺序的。当第二次小周遇到这些外方工作人员时，按照中国的习惯自然是先与外方院长握手，再与其他人握手，但这样就让其他外方工作人员认为小周不尊重他们，从而感到不悦。

第三次小周交际失误的原因则在于他不知道在这个国家双手使用的禁忌。在加纳，双手的使用是有分别的，右尊左贱。因为加纳当地食物很多都是用手抓着吃的，吃饭时一般是用右手。所以右手被认为是干净的，一般用来握手、接受馈赠或与美好高尚的东西进行接触。而左手则是上厕所时用的，是很肮脏的，是不能用来与别人握手或与食物及其他好的事物接触的。所以当小周因为右手抱书而只能用左手与他们握手时，他们便以为是在贬低他们，是对他们的不屑，甚至可能认为是一种侮辱，所以让他们对小周产生了意见，从而影响到小周与他们之间的关系。

至于在集市和市场上买东西的情况，也是与小周不知道左右手使用的区别有关系的，并不是因为摊主不愿意让他挑拣食物，而是不愿意让他用左手来挑拣食物，因为他们认为左手很脏，尤其是一些熟食，更是不喜欢顾客用左手去碰触。

像这一类文化差异引起的不适应状况应该是很容易解决的。小周可以将自己的疑虑告诉孔院里的同事，让他们帮他找出原因。也可以直接与外方工作人员进行交流和沟通，了解中国和加纳之间握手礼仪的不同之处，消除误解。至于生活上的问题，可以直接问那些商贩为什么不能碰，是不想卖给他还是有其他什么原因，而商贩们一般也会进行解释和说明，因为他们还是想让顾客购买他们的商品的。

总之，敏锐地感受和观察各种不同的生活现象，积极主动地了解两国文化及风俗习惯之间的差异，让自己更快更好地适应目的国的工作和生活，是每一位海外教师都应该做好的第一门功课。

爱迟到的尼日利亚人

赴尼日利亚公派教师　吴群彬

尼日利亚人的时间观念是比较淡薄的，经常出现迟到现象，下面举几个例子来说明：

圣诞节之前，学校一般举行“The Year-end Party”（年终聚会），以感谢和犒劳学校员工一年来的辛苦工作。宴会定于中午12：00开始，为了避免迟到，我和几个中国老师11：50就到了，可是等我们到礼堂的时候，一个人也没有，我们觉得很奇怪，是不是走错地方了呢？后来跟门口的保安确认了一下，他说：“没那么快，你们晚会儿再来。”13：00时，我们又过来了，这时发现里面只有几个人，我们又回去了。14：00时，我们又过来一次，有几十人在里面，宴会还没开始，为了不来回折腾，我们就找了个地方坐了下来。后来大家陆陆续续来了。16：00的时候，人来得差不多了，于是大家开始吃饭。17：00的时候，校长终于出现，简短的祈祷仪式之后，就开始致辞，最后宴会18：00结束。

一次孔子学院召开内部员工会议，通知上午10：00点开始，我们中国老师10：00准时到，结果几位尼日利亚同事11：00点多才来，有一位同事迟到了很久，我给他打电话，他说"I am coming"（我马上来），结果他下午3：00多才来。这类例子不胜枚举，迟到在这里属于正常现象，不迟到还往往感觉很奇怪呢。

在农业社会，由于农业产生的周期长、季节性强以及循环反复性等特点，人们习惯于粗略地计算时间，时间观上重点强调时间的反复性而不是向前性；在工业社会，人们把时间看作一种空间上的移动（线性运动），以年、月、日、时、分、秒，甚至精确到千分秒来计算时间，时间是一种资源，人们珍惜和利用好时间。①

尼日利亚，农业占到GDP的40％，全国有70％的劳

① 王淑文、王文鹏.时间观与文化差异[J]. 辽宁师专学报（社会科学版），2001年第6期。

动力从事农业，农业生产方式仍以小农经济为主[①]，可以说尼日利亚仍处于农业社会，因此和其他非洲人一样，尼日利亚人时间观念大都很淡薄，经常出现不守时和迟到现象，迟到几个小时是很正常的事情，被戏称为“非洲时间”。中国曾是一个农业文明古国，人们的时间观念比较淡薄，但是改革开放后，随着工业化和现代化的迅速推进，中国人的时间观念得到很大加强，比较珍惜时间，因此不习惯尼日利亚人的“非洲时间”了。

迟到在尼日利亚是一种很正常的现象，刚开始的时候，中国老师们很不适应，规定 10：00 上课，学生们由于习惯，经常 11：00 左右才出现，这时老师们往往很生气，就会批评他们（尼日利亚学生一般都怕老师，批评的时候，就会听着），叫他们不要迟到。后来，中国老师们就按照规定的时间上课，准时开课，如果迟到了功课自己补，还会受到批评，久而久之，学生们就慢慢养成准时上课的习惯了。

孔院教师应该明白，尼日利亚人时间观念一般都比较差，他们总爱迟到。如果中国老师们去参加当地的活动，最好可以先向学生咨询一下，应该什么时候去比较合

---

① 百度百科. 尼日利亚，http://baike.baidu.com/view/10125.htm#5_1.

适(一般来讲,规定 12∶00 开始的活动,会推迟 1～2 小时进行),不需要太早去,以免浪费时间。但是到了孔子学院则不一样,教师们应该告诉学生们,在中国守时很重要,如果经常迟到,在中国很难受到别人尊敬,甚至交不到朋友。为了让学生们养成习惯,老师应该从课堂教学抓起,每节课都准时开始,举行孔子学院文化活动或考试的时候,应该准时开始,让学生们养成习惯。

尊重彼此政治体制和宗教信仰

赴肯尼亚公派教师　李　鹏

我是肯尼亚西部城市基苏木市的公派教师，我所任教的学校 Obwolo 中学位于市郊的乡村。在基苏木市，大部分是基督教信徒，还有一些穆斯林，市里也有佛教寺庙，但相对来说佛教信徒是比较少的。我毕业于广西师范大学，在大学三年级的时候加入了中国共产党，成了一名党员，作为一名党员，我是没有宗教信仰的，这令我在学校里经历了许多有趣的交流。

据我的观察，在 Obwolo 中学里只有两个学生是穆斯林，其他教师学生都是基督徒。刚到学校的时候，我有点不适应，因为不管任何活动，第一项和最后一项都是祷告，看着教授数理化的老师们在带头祷告，我心里觉得反差太大，从事科学工作的人在向上帝祈祷这实在太矛盾了，而我此时却东张西望，显得跟环境格格不入，好在他们祷告时也无暇看我。

课间的时候，我经常到大办公室里和老师们聊天，问问学生的情况、教师的待遇等等，他们对我也很好奇，总是有足够的问题让我停不下来。我发现大部分老师都问我相同的一个问题，就是我信不信上帝。说实话，遇到这样的问题还真不好回答，信也不是，不信也不是，说信吧，他们要跟我一起做礼拜；说不信吧，他们就开始跟我辩论了，对我传教。想了想，我就转移话题说不能信。他们很好奇，问我为什么不能信，我回答说我是共产党员，不能有宗教信仰。我自己觉得这样回答算是明智的，因为这样一来他们会问我信什么，而不是信不信上帝。于是话题转到了我信什么的话题。有些老师接触过马克思主义能够理解，可是有些没接触过的就比较好奇。他们一再追问共产党员信什么，说实话，我的专业是汉语言文学，英语水平有限，让我讨论这么专业性的问题确实有点难为我，我只能回答“Science”。这样一个简单的回答他们似乎也比较认同，因为科学与宗教的问题自古以来就存在，也没什么好辩论的。我始终认为，和当地老师交流的时候不应该回避，如果谈到敏感问题就转头离开是很不礼貌的，也影响同事之间的关系，但是同时也不能钻牛角尖式地对一个问题争得好像针尖对麦芒一样。我觉得自己能做的就是简单地介绍就好，不讨论是非。如果对方想深入了解，也不应该回避，毕竟交流不是辩论。同样地，我对他们也充满了好奇，有时聊到这个话题我也主动深入地询问。比如有一次和一个跟我关系比较好的生物老师聊天，他要约我去学校附近的一个教堂做礼拜，我委婉地拒绝了，因为这里离我的住所的确太远了，坐汽车都要四十多分钟。因为我没去过教堂做礼拜，也问了问做礼拜都干些什么，他说有讲经、唱歌什么的。我出于好奇地问了他，作为一个信上帝的老师，怎么能教生物课呢？他的回答也挺让我吃惊的，他指了指教科书说他只是教，而不是相信。原来他并不信服教材上的知识点，仅仅是把知识点传授给学生。接着他又说有些东西他也相信，但是关于人类起源的问题他坚决不相信。人类起源不就是人从猴子进化来的嘛，但是他从基督徒的角度告诉我人是上帝创造的。由此我了解到宗教和科学争论的源头是进化论。以前我都是接受马克思主义教育的，没接触过这类讨论，不了解这些。他也问我既然相信进化论，为什么不是所有的猴子都进化成人呢？我笑着说，因为他们没站起来。我俩都笑了。

我觉得，只要彼此尊重，不要争论对抗，委婉的交流能让不同信仰的人彼此融洽地相处。但是另一个问题又来了。有些老师总喜欢和你讨论政治体制问题，尤其是历史老师。这个历史老师经常向我了解一些中国的政治体制问题，比如说中国有选举吗？中国选总统吗？现在的总统叫什么名字？我只是试探性地简单回答他两句，中国有选举，没有总统，但是有主席和总理。如果他追问，我也可以给他多介绍一些。我告诉他们中国人投票选代表，再经由代表投票。他们对这个方法似乎也没有异议。有时我也问他们一些肯尼亚选举的问题，他们也不遮掩，对我有问必答，肯尼亚虽然效法西方选举，但是买票问题严重，执政党和反对党关系复杂，而且每逢选举，社会治安极差。我真心觉得这样的交流挺好的，说事实就好，不去说是非，这是我的对外交流原则。

直到现在，仍会有老师时不时地和我讨论一些这样的问题。我觉得不同的文化环境有不同的选择，在跨文化交际的时候不要回避、争论，彼此友好地介绍各自的情况，加深了解，互相理解，促进友谊，毕竟大家是朋友，不是敌人。

滴水之中见习俗

赴赞比亚公派教师　张宏伟

对于身处异国他乡的对外汉语教师来说，只要留心，时时处处都能感受异国文化的不同，即使一件极其普通的小事，也能反映出当地人的风俗习惯。在赞比亚生活三年了，我早已熟悉了他们的行事方式，但是发生在生活中的一件小事，还是让我领略到了当地人别样的办事效率和做事风格。

这要从我住处的水管漏水开始说起。赞比亚的水龙头都是左右旋扭的，且质量很不好，用得时间长了，就会出现漏水现象。这种事情很普遍，经常发现邻居家院子里水龙头哗哗流水而无人问津，我曾好几次跑进他们的院子帮忙关闭，但发现拧不紧。果然类似的事情也发生在我这儿了。

一开始，水龙头的水是慢慢地滴，过了几天就频频地滴，后来就越发滴得厉害，最后就演变成线状的水流了。赞比亚属于亚热带草原气候，一年之中有半年的雨季，但由于水利设施的不完备，无法储水，因此仍是水资源缺乏的国家之一。尤其是半年的干季，饮用水有时候都成困难。看到这浪费水的情景，我心里很难平静，赶紧打电话给学校的水管科。科室的经理说话很客气，态度很积极，说要明天派人过来修的，我就很放心地等待他们上门前来。可是第二天不见人来，第三天也没有来，一连五天没有任何动静，也始终不见人影。我忍不住，就又拿起电话，询问原因。电话那头仍然是语气和气、态度积极地说，明天派人前来维修。由于天天上课，没有及时催促，所以就迟迟不见人来。每到夜间，听到水哗哗流动的声音，心里就不忍心这样浪费。第二天仍然催促，终于盼来了。

前来维修的是两个工人，穿着破旧的蓝色制服，肩头挎着一个破旧的背包，里面似乎盛着工具。我很高兴地迎接他们，赶紧让他们解决问题。可谁知，两人看了之后，并没有卸旧换新的意思，竟一前一后地排队往外走。我不解其意，赶紧上前阻拦说，还没有修为什么就走呀？他们很有礼貌地解释说：Madam，我们先来看看是什么原因，现在知道了，明天带上所需东西再来。好的，第二天满心欢喜地等他们前来，可是没有人来，第三天也是如此。赶紧电话催促经理。好，第四天终于有人来了，我抬眼一看，是两个新面孔，这两位跟前面两位一样，看了一眼，转身又一前一后往外就走，问原因，回答跟前面如出一辙。我终于明白了他们的行事方式。心想如此往复，什么时候能修好呀，这回不能就这样放他们走了。我知道一放他们走，说不定下次又换了新人前来，一拨一拨的，光看不干活，一两个月也解决不了问题呀。于是，我就顶着炙热的骄阳，跟着他们一直到水管科，他俩很无奈也很惊奇于我的执着，边走边扭头看我，带着狐疑的眼光。在水管科，我面见了经理，他让我在办公室等，我可不敢懈怠，不敢让两个工人离开我的视线，万一他们去做别的工作了呢。于是，婉拒之后，径直跟着工人到库房，取了新水龙头。又跟随他们回到我的住处，就这样，最终解决了漏水的问题。

在异国工作，尤其是我们作为中国文化的传播者，对异国文化的接纳与认同是非常重要的，一方面表现出对他国文化的积极认同，不急不躁，耐心等待；另一方面也不能消极等待。在与经理以及工人的接触中，我告诉他们水资源的匮乏，不要肆意浪费，要珍惜每一滴水，向他们传播良好的生活习惯，唤醒他们珍惜水资源、节约水资源的意识，让他们懂得防微杜渐的道理。这样，就更容易拉近与当地人的感情，同时也提高了他们个人的素质。

你中午"应该"做饭给我们吃

赴马拉维公派教师　邓　婷

在国外教授汉语时，会遇到很多跨文化交际方面的问题，如语言沟通的困难、生活习惯的差异、思维方式的不同等。在赞比亚大学孔子学院曼萨中学教学点任教的一年多里，我也遇到过各种各样的问题，我印象最为深刻的是在培训学生参加汉语桥比赛的过程中发生的两件事。2016年5月中旬，在接到孔院关于6月28日即将举行第九届汉语桥世界中学生中文比赛赞比亚赛区初决赛的通知后，为了让我的学生在比赛中能够获得好成绩，我特地制定了为期一个半月的赛前强化营训练。学生秦朗和吕方由于就读的是学校重点班，学校的课程从每天早上 7 时 15 分排到了下午 4 时，所以我们的培训只能安排在周末了。由于赞比亚人是虔诚的基督教徒，所以我在询问过他们去教堂做礼拜的时间后，定下了每周六下午 1 点到 5 点，4 个小时的时间，在我所居住的地方给他们进行培训。在得知培训时间安排后，秦朗对我说："你中午'应该'做饭给我们吃。"对于学生会说出这样的话，我没有控制住自己的情绪，生气地说道："我用自己工作之余的时间给你们上课，那你们是不是也得付我报酬呢？"两个孩子并没有看出我脸上的不悦，对视一眼，没正形地回答："不啊，我们没钱。"老实说，学生说的话确实让我心里有了想法，不过，工作就是工作，培训还得继续。后来发生的事才真正让我重新认识了这两个孩子。赞比亚的通信设备很不发达，电话费相对来说也是比较贵的。秦朗每次打电话给我，总是在响一声后立马挂断，等待我给他回复过去。有一次，我就此事问他，他说："老师，你'应该'给我充话费，因为我没钱。"这次我并没有生气，而是换了种方式去正面地回应了他的要求："好，你没钱，所以我'应该'给你充话费。那我用自己的钱给你充了话费，你是不是也'应该'在汉语桥比赛中拿奖来回报我的付出呢？"他呵呵地笑了，说了句"成交"。在这一个半月的时间里，两个孩子表现出了惊人的汉语学习能力，之前对他们的那些看法渐渐转变成了更多的喜爱和欣赏。最终，他们实现了他们的诺言，在比赛中分别取得了特等奖和一等奖的好成绩。

通过我自己的亲身经历，我发现由于中国和赞比亚的文化差异，刚开始我和学生之间发生的文化冲突导致的跨文化交际的失败，主要是由以下三个问题引起的：

问题1：认知上的误区。不同文化背景的人在交往过程中容易犯同一个错误，那就是误以为对方和自己没什么两样。如何理解学生对老师说“你中午‘应该’做饭给我们吃”？

分析：在中国，教师的言谈举止中常带有教师的尊严，为人师表的形象是庄重、严肃的，学生会遵从老师的安排，对老师的辛勤付出是心存感激的，师生关系也是很融洽的。正是因为把中国文化规范误认为是当地人也应该遵循的文化规范，加上缺乏跨文化意识和跨文化交际的经验，所以才出现了认知上的误区。

解决：在跨文化交际的过程中，需要不断地提醒自己，每个人都有着不同的文化背景和风俗习惯。作为对外汉语教师更应该学会观察所任教国的文化，并善于与自己的文化相对比,逐步提高自己的跨文化意识,而不应该想当然地认为当地人与自己是有相同想法的。

问题 2:民族中心主义。这两个赞比亚学生不仅不像中国学生对老师那样尊重,还要求老师"应该"做饭给他们吃,"应该"给他们充话费。

分析:所谓民族中心主义就是按照本民族文化的观念和标准去理解和衡量其他民族文化中的一切。刚开始我觉得中国"尊师重教"的行为规范才是正确的师生关系,而学生让老师给他们做午饭就是不尊重老师的表现,这是出于民族中心主义而对其他民族文化进行不准确概括所形成的"文化成见"的影响。

解决:对待任何一种文化,最基本的态度就是尊重不同的文化。各民族文化尤其是主流文化,都反映了该民族的历史和特点,是民族智慧的结晶。学生如此的表现其实并不是我所认为的不尊重汉语老师,而是当地文化影响下的一种自然表现。

问题 3:文化休克。

分析:在非本民族环境中生活或学习的人,由于文化冲突和不适应而产生的深度焦虑的精神症状是文化休克的具体表现形式。我对学生说话的方式感到很反感,正是由于进入另一个文化环境经历的事情在心理上产生了一定的负面影响。第一件事情发生后，我仔细分析并思考了学生所说的话，并且同当地老师探讨了这个问题，重新认识到了问题的所在，积极调整自己的心态和看法，用适用于当地文化的方式去解决第二件事，结果学生的态度也发生了很大的变化。

解决：尊重其他民族文化是第一步。对跨文化交际所需要面对的文化或者是新的生活环境中需要接触的其他文化，仅仅从态度上尊重是不够的，因为是必须接触和运用的文化，所以需要进一步主动地理解该文化，尝试去适应它。经过了这两件事，我已经掌握了应对处理类似事件的一些技巧和能力，相信在以后的对外汉语教学中会更加得心应手；同时也深深地认识到“入乡随俗”是需要克服中国本土的文化习惯，来积极地适应当地文化的。

交际的尺度

赴吉布提公派教师　李　印

方老师是汉办派往吉布提任教的对外汉语教师，租住在离外单位很近的一家酒店，年龄40多岁。方老师做好了心理准备，初到一个陌生地方，肯定一切都需要调试。由于外语不太好，与酒店工作人员的沟通不是很顺畅，因此，在交谈中时常伴有肢体动作。但是，方老师发现有几次交谈时对方脸上会露出莫名其妙的不悦神情。这令方老师有点费解。为拉近关系，她想更主动些。有一次，酒店接待员——一个20多岁的小姑娘——穿了一件新衣服，方老师心想，机会来了，我赞美你衣服漂亮总该没错吧？于是，脸上带着微笑走上前去，手捏小姑娘袖口，说“very beautiful”。小姑娘很开心，回应了“thank you ”。交际本该结束。但方老师的手并没有离开，而是顺着袖口往上，透过衣服掐着小姑娘的胳膊，“Waa, your arm is so fat, fatter than me”，说着又掐了掐自己的胳膊，“You are strong, I am old”。小姑娘瞬间表情呆滞。然而方老师没注意到，她认为自己今天夸了别人，别人一定会很高兴。又过了些天，在走廊遇见了餐厅女服务员，该服务员年龄30来岁，显胖。两人见面先是简单问候，一块儿行走时，方老师的手忍不住揉了揉对方的肚子，满怀关切地问：“Are you carry baby?”当然她想问的是“are you pregnant”，但是pregnant不在她词汇表里。尽管如此，carry baby加上明显的动作还是让对方明白了意思，其赶紧回应“no，no ”，就匆匆离开了，只留方老师风中凌乱，为什么她如此匆匆呢？我好心关心你，连个谢谢也没有。一段日子下来，方老师觉得很憋屈：外国人真难伺候，每次我都费尽心机讨好你们，却得不到你们相应的回报。

其实方老师的错误在于她陷入了自己的思维误区。比如开始提到的肢体语言导致对方不悦的原因是，她经常不经意间用左手指着对方或用左手碰触对方，而吉布提96%的人口是穆斯林，穆斯林认为左手是用来摸脏东西的，这是对他们的不尊敬。第二例，方老师说小姑娘胳膊粗，身体壮，本想赞美其年轻，但她忽略了fat这个字眼是每个女孩子都不愿意听的，“瘦身材”应该是各国女孩的梦想。第三例，手抚对方肚皮问其是否怀孕而对方仓皇而逃，是因为对方还是“剩女”，方老师不做打听就妄自发问，导致对方极其尴尬。方老师之所以出现以上种种问题，在于其没有充分了解当地人的风俗习惯，当然也就不能真正尊重他们的习惯。把夸赞文化和关切文化泛化，而忽略了对方的年龄、身份等因素，认为只要是赞美、关怀都是可接受的，将中国文化规范误认为他人也可接受的文化规范。再加上语言表述不准确、用词不当等原因，所以造成了一些不良结果。方老师的做法是缺乏跨文化意识和跨文化交际经验的表现。

认为别人有与自己大致相同的想法十分自然，但对于跨文化交际十分有害。在跨文化交际中，必须不断提醒自己人们有不同的文化背景、迥异的风俗，必须学会观察异国文化，懂得异国文化，尊重异国文化，才能逐渐增强自己的跨文化意识。建议方老师利用业余时间多阅读，多思考，多打听，以加强自己的文化修养。

“尴尬”的晚餐

尚　超

东非国家布隆迪曾是法属殖民地国家，因此在文化上受到了欧洲文化的深刻影响，这其中就包括饮食文化。餐饮以西餐为主，餐具以刀叉盘为主，同样十分注重西餐礼仪，比如集体用餐需有公用餐具，红肉白肉要配以不同的酒品以及餐巾礼仪等。

之前请过一位布隆迪朋友来家里做客，准备了简单的中餐家常菜，朋友不仅胃口大开，更是从进门到出门一直赞不绝口。中国传统佳节端午节来临，我们打算请另一位布隆迪朋友一家三口来家里庆祝，为他们准备了丰盛的中餐。中餐那么好吃，我们又这么热情，准备得如此丰盛，我想他们也一定会很喜欢的。

朋友一家欣然前来赴宴，看见一桌子的珍馐佳肴先是一愣，然后微笑着坐下。席间我们热情地为朋友一家介绍每一道菜肴，并斟上了从国内带来的上好白酒，朋友一家人一直保持着微笑和应答，然而却没有什么尝试的意思。在我们一再地盛情邀请之下，朋友终于不好意思地问有公用刀叉吗？我们这才恍然大悟，于是赶紧给他们一家人拿来了刀叉盘子，还准备了公用餐具与红酒，撤下了之前准备的碗筷等，这使我们不免有些尴尬。但朋友一家还是没怎么吃，只是蜻蜓点水地尝了几样，后来他才告诉我，其实是他们不太习惯中餐里的调料。

其实只要提前做好"功课"，这样的"尴尬"是完全可以避免的，这就要求我们邀请客人前，要提前了解客人的餐饮喜好并告知自己的准备，如果方便也可以委婉地给客人一些选择或直接请客人给出建议。此外，除了餐饮习惯，也要积极主动地多了解对方的餐饮礼仪，文化的交流是双向的，所以我们也应该告诉客人自己的饮食习惯与文化，在此基础上做到相互了解、理解和尊重。这样之后，再也没有出现上面的"尴尬"局面，我们与这里的朋友也相处得更加融洽了。

在跨文化的交际里做事更不能想当然，而是要提前做好全面的调查与准备，此外交际双方应该相互尊重饮食习惯与用餐礼仪，这样才能更好地和谐相处。推而广之，多融入当地社会，多了解当地文化，这样在跨文化交际的过程中才不至于被动。

为什么不和我打招呼

钟江华

本人所在单位位于非洲乌干达首都坎帕拉，麦克雷雷大学孔子学院。乌干达被誉为“非洲明珠”，这里气候适宜，宗教自由，因此这里的人们也比较温和热情。麦克雷雷大学是东非排名第一的学府，因此这里的学生不管是素质、眼界还是教育方面都有较高的水平。同时，他们会更多地强调公平、自由和平等。

作为汉语教师的我已经工作了三年多，以前学生对我都很好，我也觉得他们都很有礼貌，很有素质。但是在乌干达，却让我觉得很失望。因为每次我来孔院或者来上课，他们见到我不会主动和我打招呼，看着我走进去也没反应。每次我都假装没看见他们或者他们假装没看见我，径直走进办公室。

有一次上课前，我刚走进孔院的大门，院子里很多学生在聊天和学习。当我要走进办公室的时候，后面一个学生跟着我走过来，并凑近我，对我说："老师，我可以和你说件事儿吗？"我说："当然可以。"接着，我们来到办公室，她很谨慎地把门关上，我很诧异，问她为什么关门，她说这是个秘密，不能让别人听到。

她轻声细语地对我说："老师，我觉得你很没有礼貌。"当时听到这话，我一下子站起来，很生气地对她说："你说什么？我没有礼貌？你开玩笑吧？"

我自认为自己是一个很有礼貌也很懂得这种礼仪的人，毕竟我在国外待了三年多，到现在还没有谁说过我没有礼貌。

她很疑惑地对我说："老师，那你为什么不和我们打招呼？"

我苦笑一下，在大众想法中，正常情况下，学生见到老师是该向老师主动打招呼的，或者学生向老师有眼神的交流和传递，老师和学生打招呼。如果一个学生连看都不看你，一般情况下，我们可以理解为他有事情或者不想和你打招呼，这样我们就先不打招呼。她听我说完，很奇怪地说，天哪，老师，你搞错了！

她说在乌干达，不管你在哪里，不管什么级别，什么场合，从外面进来的人要和已经在里面的人打招呼，表明你来了，要大家知道你的到来，并对你的到来可能对大家造成的影响有所表示。

通过和学生的沟通，我恍然大悟。之后，我在课堂上进行了关于打招呼的讨论。我将中国人的打招呼情况和方式向他们做了介绍和讲解。我告诉他们，在中国传统文化礼仪中，一般小辈、低级、下属等身份和年纪较小的人要主动向比自己高的人打招呼，我们不是按照进来的先后顺序区分打招呼的主动与否。

比如，一般学生会主动和老师打招呼，表示对师长的尊重，即使老师的年纪比学生小或者职位比学生低。然后，他们也和我解释了当地的打招呼文化，就像我上面所说的那样，后来的要主动和已经在的人打招呼，与年纪、场合、职位、等级等没有关系。经过讨论，大家觉得在孔院、汉语课还有与中国人接触的时候还是按照中国的方式进行。不管按照哪种方式，都是为了表示友好，表达礼貌，所以在没有任何政治、道德等方面的实质性冲突的情况下,采取哪一种方式都是可以的。

但是学习语言的过程也是学习文化的过程,语言是文化的载体。再者对于他们来说,学了汉语,以后要和中国人打交道或是在中国生活工作,学会中国的礼仪文化还是很有必要的。但是绝对不能去勉强他们,要充分尊重当地人的意见和想法,采取求同存异的态度。值得注意的是,当遇到文化冲突的时候,首先要冷静,不要因为有矛盾而采取一些不合适的手段。我觉得我在开始遇到这个问题时做得不够好,没有及时解决而是采取不搭理的态度,直到学生主动找到我。接着,要和当地人进行讨论,交流和了解彼此的文化礼仪,然后再一起讨论合适的解决办法。不能固执己见,一意孤行,唯我独尊。无论何时、何地,做到尊重和理解,才是跨文化交际的基本。

你怎么可以随便喝老师的水

许　谦

我于2014年11月到苏丹喀土穆赴任，来到了这片非洲和阿拉伯文化交汇的土地。首先，这里曾是英属殖民地，虽然教育在一定程度上受到英国教育体制的影响，但由于经济的欠发达和自然条件的恶劣，教育仍处于不被重视或者无法被重视的层面。其次，经济的落后致使政府没有富余的资金用来修路并解决交通拥堵问题，学生每天往返于学校和家的路途也就不尽如人意。另外，正如很多赤道国家、阿拉伯国家一样，这里的人们生活在一种慢节奏中，时间观念相对淡薄，所谓的承诺也不过是真主保佑下的一种可能性。最后，我所在的巴哈利学院是当地的一所私立学院，学生的自身素质和学校的学习环境都有一定的局限性。因为这个学校是阿拉伯语教学，学生们完全不懂汉语和英语，我又完全不懂阿拉伯语，除了肢体语言和面部表情，我和学生之间几乎没有可以交流的桥梁。

作为中国文化和语言的传播者、先行者，除了课堂上全力以赴，课后和生活中如何与同事及学生们交往更是一种中国文化的体现。因为所在的学校离家较远，条件较差，我每次去上课都要自己带上午饭和一瓶水。有一次下课，我感觉口渴就从包里掏出随身带的矿泉水喝了几口，然后就随手放在讲桌上。这时刚好有个学生过来问问题，我就专心给他解答。讲解完问题，一转身就看见一个学生正拿着我的水在喝，我很生气，本能地大叫了一声："你怎么可以随便喝老师的水？"那个学生也许没有完全听懂我的话，可是从面部表情上大概猜到我生气了，于是不以为意地放下水，然后悻悻地离去了。后来，我渐渐感觉到学生们和我的距离拉远了，下课不再来办公室和我寒暄说笑，上我的课也不那么积极了。又过了几天，我路过走廊，看见一群女生围着一个大盆吃当地的传统午餐。这样的食物对我而言，就是把馒头泡在菜汤里搅匀，然后再用手抓糊糊吃。一个女生见到我过来就热情地邀请我一起吃，我还在犹豫如何拒绝，她已经抓了一把糊糊送到了我嘴边。担心伤害学生的感情，我一时难以拒绝，就硬着头皮吃了下去。学生问："老师，好吃吗?"我礼貌地说："好吃!"学生们都很开心，然后又抓了一大把给我吃。我有轻度洁癖，当时头就炸了，平时吃饭用餐具都要洗个两三遍，现在非但是手抓的，还是别人的手抓的食物，我立刻表情尴尬地逃走了。后来，学生们说起此事都觉得不能理解，觉得老师撒谎，很虚伪，既然不爱吃为什么还要说好吃?

这两次小事件的发生，让我很难受，和学生的关系也渐渐疏远。后来，我通过观察发现苏丹人都不介意共用一个杯子喝水，公共场所都会放一大桶冰水和一个杯子在走廊，谁来了拿着杯子都能用，他们自然也就觉得喝我的水是自然而然的事情。另外，伊斯兰国家信奉的伊斯兰教教义要求水和食物是不能吝啬的，别人需要的话，一定要和别人分享。可在我们中国文化中，如果不是很亲密的人，我们不会轻易和别人共用杯具、餐具，这样做会很尴尬、很不舒服。后来，为了消除误会，我找到那个学生给他解释了文化的差异，他也真心地向我道了歉。我也向学生们解释了我的谎言，那完全是出于中国人的礼貌和婉转，都只是出于善意的客气话。从那以后，我喝完水也没有再随意丢在桌子上，而是小心地装进包里或者是放进柜子里，避免文化冲突的产生。

两种不同文化的交流有交融，自然也会有碰撞。文化是一种现象、一种特性，文化无高低，民族无贵贱。文化让一个国家与众不同，文明的发展却让国家间无限相似。作为一名外派中文教师，我们日常的行为本身就是中国文化的代言，我们在跨文化的交际中只有知己知彼才能推动国家间文化有益的交流。我们不仅要了解自己的文化，更要以开放的态度了解和接受当地的文化，有比较、有对照才能更深层次地反思我们自己的文化。在跨文化交际中，必然会有这样那样的矛盾和误解，如果教师内心不是抱着一种平等的态度来传播文化，夜郎自大，就算不得一名合格的外派中文教师。

阳历新年开展的春节文化活动

赴埃塞俄比亚公派教师　李　颖

2017年的春节是1月27日，正好是埃塞俄比亚的斯亚贝巴大学孔子学院的期末考试时间，考试之前有一周是复习周。很多埃塞俄比亚人信仰东正教，他们的圣诞节在1月7日，12天以后即1月19日是他们另一个重要节日主显节，很多平时上课出勤很好的学生也会在这个时候请假回家过节。这样一算，如果是在春节临近的时候举办一个和春节有关的文化活动是有困难的。

春节是中国人心中最重要的节日，春节的传统源远流长，春节的习俗富有特色。虽然二年级、三年级的学生很多都知道春节这个节日，但了解得并不多，还有新入学的一年级学生，还没有任何中国文化知识的学习机会。因为埃塞俄比亚本国节日和期末考试的关系，如果不举办和春节有关的活动也是从实际出发，但让学生错失一个了解中国文化的机会又实在可惜。所以，亚大孔院的老师们开会后商议决定，在 2017 年 1 月 2 日，阳历新年刚刚来到的时候，举办一个以春节为主题的新春主题文化活动，旨在让学生了解中国的传统节日和春节的文化传统。

此次的新春主题活动主要有以下环节：(1)播放春节视频，时长约一分半，选取的是《舌尖上的新年》片头，让学生先感受一下中国春节的节日气氛，看看中国人在最重要的节日里会准备哪些食物。(2)新年习俗介绍。这部分由我负责，以展示 PPT、配以讲解的形式展开。PPT 以图片为主，介绍了扫尘、挂年画、贴春联、贴福字、年夜饭、放鞭炮、守岁、给压岁钱等春节习俗。(3)春节习俗知识有奖问答环节。根据上一环节介绍的内容，准备 5 个相关问题。(4)民族服装走秀。这是由孔院教师出演的节目，有维吾尔族、蒙古族、藏族、壮族的民族服装。(5)新疆舞。由汉语专业二年级的一个女生出演。(6)埃塞民族舞蹈。由汉语专业二年级的两个男生出演。在了解中国节日文化的同时，给学生机会展示自己民族的文化，他们的积极性很高。(7)小品。由汉语专业二年级的学生出演。这是在节目征集阶段学生主动报名的节目，学生们自编自导自演，教师们帮忙修改了一下剧本，讲的是平时的课堂、师生的交流。学生的表演虽然有些稚嫩，但说的都是平时经常说的句子，在师生中引起了共鸣，带动了节日气氛。(8)旗袍走秀。由汉语专业一年级的女生出演。背景音乐是《茉莉花》，几个埃塞女生伴着音乐姗姗走来。(9)青春舞曲。这是一首新疆民歌，由汉语专业三年级的女生出演。(10)24 式太极拳表演。由汉语专业三年级的两个男生出演。(11)集体合唱《新年好》。此次的新春活动在一片欢乐的气氛中结束。

文化活动和文化讲座不同，学生的参与程度是活动是否精彩和成功的一个重要指标。我觉得通过这样的主题活动，学生了解了中国春节的相关文化知识，也展示了自己国家的文化。师生的共同参与让学生更积极，活动现场的气氛更好，同时这也是一次两国文化很好的交流。

非洲文化篇

感受埃塞俄比亚的咖啡文化

赴埃塞俄比亚公派教师　付　伟

埃塞俄比亚是咖啡的发源地。埃塞俄比亚是世界上最早种植咖啡和保持最古老咖啡文化的国家。至今仍然都是小规模家庭种植，并保持着非常传统古老的咖啡种植工艺和方法，是那些崇尚自然人士的最好选择。咖啡是埃塞俄比亚卡法地区的牧羊人最先发现的，咖啡的名字也由卡法演变而来，埃塞俄比亚是咖啡的故乡，埃塞俄比亚人也因此感到非常自豪。埃塞俄比亚是一个地貌多变、民族多的国家，其咖啡豆生长在不同的地区之间。能让 80 多个民族统一崇敬的东西只有咖啡。埃塞俄比亚的咖啡只有 40％左右用于出口，其余都会被埃塞俄比亚人喝掉。

埃塞俄比亚人对咖啡情有独钟，喝咖啡是一种重要的仪式，人们每天早上都会喝一杯咖啡，这样可以使一天都很有精神。埃塞俄比亚人每天早上会边饮咖啡边吃点心，一天中他们会这样就餐多次。咖啡也是埃塞俄比亚家庭向尊贵客人提供的最好的饮品，在重大节日、亲友聚会都要煮咖啡，客人至少要喝三杯咖啡，以显示对主人的尊重。在各种形式的仪式中，制作咖啡也在不断变换着方式。例如，婚礼上人们会制作咖啡豆与咖啡浆果以及黄油和盐一起熬成的粥。在埃塞俄比亚，禁止男人去煮咖啡，制作咖啡严格意义上是女人的传统工作。举行咖啡饮用仪式的屋角要清理干净，并且在咖啡煮具拿进来之前要用新割的草铺好。鲜草预示着好的兆头，散发出一种清新气息，而且是美的装饰。制作咖啡的器皿大部分都是传统手工制作的，像陶壶和捣碎器。在享用咖啡之前，人们要低声言语感谢屋子的神明，并祈求一整天都能和平欢乐，祝愿病人康复、穷人脱贫或者找到工作。

本学期我们换新办公室，隔壁办公室的老师准备了全套咖啡仪式和我们一起庆祝“乔迁之喜”。通过咖啡仪式，我们增加了对彼此的了解，让我们更加融入当地的文化。同时,我也经常请学生一起喝咖啡,讨论学习,一杯咖啡,一段美化的时光,拉近了我和学生的关系,在交流中也提升了他们的中文水平。

作为一名国际汉语教师,不仅要具备扎实的中国文化知识,也要了解对象国的文化知识,这样才能很好地进行跨文化交际。尤其是在文化差异较大的非洲,我们更应该深入了解对象国的文化习惯。

每个国家都会有自己特有的文化习惯和值得骄傲的文化仪式,咖啡之于埃塞俄比亚,犹如茶之于中国。埃塞俄比亚人对他们的咖啡仪式非常自豪,这是任何一个大节小节都不能缺少的重要仪式。通过咖啡仪式,不但能增强同事之间的关系,还能让我们更加融入当地生活。埃塞俄比亚学生告诉我,一日三杯咖啡,所有烦恼全没,足以证明咖啡在他们心中的地位。

通过一杯咖啡,我可以了解学生的学习状况;通过一杯咖啡,我可以轻松地和学生沟通,让他们喜欢这个爱喝咖啡的中文老师;通过一杯咖啡,我可以和学生们在真实的语境中操练汉语,提高他们的汉语水平。

在未来的教学过程中,我将把中国的茶文化介绍给学生，让他们通过茶道和咖啡仪式的对比，更加深入地了解中国文化，也能用汉语介绍自己的咖啡文化，实现真正的跨文化交流。

舌尖上的纳米比亚

赴纳米比亚公派教师　汪延伟

众所周知，中国是历史悠久的饮食文化大国。中国人十分重视餐桌文化，风味多样。中国幅员辽阔，地大物博，各地气候、物产、风俗习惯都存在着差异，长期以来，在饮食上也就形成了许多风味。中国一直就有“南米北面”的说法，口味上有“南甜北咸东酸西辣”之分，主要分巴蜀、齐鲁、淮扬、粤闽四大风味。一年四季，按季节而吃，是中国烹饪又一大特征。自古以来，中国一直按季节变化来调味、配菜，冬天味醇浓厚，夏天清淡凉爽；冬天多炖焖煨，夏天多凉拌冷冻。中国的烹饪，不仅技术精湛，而且有讲究菜肴美感的传统，注重食物的色、香、味、形、器的协调一致。对菜肴美感的表现是多方面的，无论是红萝卜，还是白菜心，都可以雕出各种造型，独树一帜，达到色、香、味、形、美的和谐统一，给人以精神和物质高度统一的特殊享受。中国的烹饪技术与医疗保健有密切的联系，在几千年前有“医食同源”和“药膳同功”的说法，利用食物原料的药用价值，做成各种美味佳肴，达到对某些疾病防治的目的。中和之美是中国传统文化的最高的审美理想。

与中国相比，纳米比亚开发时间较短，在饮食习惯上没有中国那么多的讲究。但是，这并不代表纳米比亚没有属于自己的特色饮食习惯。在纳米比亚的很多地方，尤其是北部奥万博族聚居地，吃饭不用桌椅，也不使刀叉，更不用筷子，而是用手抓饭。在奥普沃，纳米比亚唯一保留原始风貌的红泥人部落，当地人吃饭时，大家围坐一圈，一个饭盒和一个菜盒放在中间。每个人用左手按住饭盒或菜盒的边沿，用右手的手指抓自己面前的饭和菜，送入口中。此情此景，你会无所适从，甚至抓得满手沾饭，狼狈不堪；而红泥人自己抓饭、吃饭时个个动作干净利落。客人吃饭时应注意的是，切勿将饭菜撒在地上，这是主人所忌讳的。饭毕，长者未离席时，晚辈要静坐等候；子女离席时，须向父母行礼致谢；客人则应等主人吃完后一道离开。吃饭时有着严格的礼仪，有些地区甚至连牛羊鸡的每个部位归谁吃都有规定。在公众大型宴会上，宾客和男人吃牛肉，已婚的妇女吃杂碎，两者分开煮，分开食，不得混淆。在主食方面，由于干旱少雨，稻麦等作物种植很少，仅限于卡迪玛、伦度和奥贡戈等雨水丰沛、地表径流量大的湿润地区。北部的主食为一种叫马汉谷的类似高粱的作物，磨成粉做成糊或者糕状物。

纳米比亚是个名副其实的水果王国，以半干旱热带沙漠气候、热带草原气候为主。当地人对于蔬菜、粮食作物及水果较少管理，一般都是等待自然成熟才食用，这些食物基本上都是纯天然绿色食品，所以非常好吃。当地水果主要有芒果、香蕉、西瓜、番石榴和柠檬五大类。餐桌饮品方面，主要以酒为饮品。纳米比亚人十分嗜酒。当地产的世界级品牌温得和克啤酒，秉承德国酿造工艺，口感清醇爽口，颇受欢迎。私人酿酒风气也十分盛行，自由市场货摊上会出售自家酿造的饮品，包括橡果酒。纳米比亚和南非的葡萄酒也十分出名，受气候影响，葡萄酒上市整整比欧洲早六个月。当地上流社会的人和某些少数民族的人十分喜爱饮茶。非洲是咖啡的重要产地，但是很多人却舍咖啡而选茶。他们喝茶非常有特色，喜爱往茶里面加入大量的糖和牛奶，一些人甚至在茶里面放入香叶提香。

纳米比亚肉类不算缺乏，尤以牛羊肉居多，但是冷藏条件十分有限，肉类新鲜程度往往很差。最受欢迎的是牛肉和羊肉，其次为鸡肉。在局部地区，斑马、鸵鸟、河马、鳄鱼等也是他们的盘中常客。当地的驴很普遍，但却不允许宰杀，它们主要被当作畜力使用，食用乃至提取阿胶的药用价值基本上没有。

最后我们不难发现，中国和纳米比亚在饮食文化方面有差异性和共同性。首先，双方都非常重视餐桌上的长幼尊卑次序，都极其重视家庭观念，人与人之间联系密切。不同的是，中国文化中重视国与家的联系性，爱国和爱家是一致的。而在纳米比亚，由于受殖民侵略时间长等多种原因，人们对于国家的认同感不如中国人强烈，反而对家或是族群更为重视。从饮食习惯可以看出，纳米比亚人吃东西十分不拘小节，饮食不是十分讲究，这也和他们奔放热情、不重视金钱、生活悠闲的性格有关系；而中国人的饮食以熟食为主，并且食物做工精细，这与中国人内敛、精打细算的性格也有关系。总之，两国饮食习惯同中有异，异中有同，正如双方代表的不同文化一样。我们应该尊重他国饮食习惯的不同，更应该理解他国文化与中国文化的差异性，这样才有利于我们更好地交流。

马达加斯加的生日习俗

赴马达加斯加公派教师　黄　婷

这个案例是有关文化差异的。那天是我的生日，马达加斯加的学生知道后，趁课间的休息时间，我不知道他们从哪里变出了鸡蛋和面粉，当时我还以为他们要给我做蛋糕呢。原来是我想多了。课后，我准备收拾课本走了，一个学生神神秘秘地走过来，抬手就把一个生鸡蛋往我头上砸，当时我没反应过来，被鸡蛋砸头的疼痛感让我眼中带泪花，随后又一个学生向我的头上撒了一些面粉。瞬间我整个人石化了。但当时我又不能发作，因为不知道是什么情况，我也清楚地知道学生这种举动肯定不是恶作剧。果然，我的学生向我解释说，这是马达加斯加过生日的习俗，往寿星头上砸鸡蛋和撒面粉，因为这两样东西就是做蛋糕的材料，在头上做蛋糕，就是祝福你生日快乐。

身在异国他乡，虽然我不能认同他们这种怪异的习俗，但也不能直接明显地拒绝或者表现出厌恶，最起码要尊重，要适应这种文化差异带来的不适感。

南非的日光族

赴南非公派教师　金　钰

在南非，不论是白人还是黑人，每天都在逛街买东西。你看商城里面每天这么多人，真正来打货（拿批发）的人周五、周六比较多，其他时间都是零售顾客。他们每次来都大包小包地买，买东西很爽快，尤其是女性顾客，看中了衣服就买，连试穿一下都不用。的确，倡导勤俭节约的中国文化从来都不鼓励积极消费，即使在政府极力想要拉动国内消费的今天，中国民众的储蓄额仍然每年都在升高。

圣诞节前，有个中国商店里的几个黑人工人各发了1500兰特的工资加奖金，他们立刻在商城买了很多衣服、玩具、化妆品，还买了个旅行包装东西带回去，身上只留 20 兰特作公交车路费回家。黑人大部分是这样的，有多少花多少，完全没有储蓄观念。而中国人再怎么着，也不敢把钱都花光。黑人有钱就花，拿了工资吧，月头大手大脚花，等月中的时候，算一算留点钱撑到月底，然后都花光了。

中国人长期以来的宗族意识以及根植于心的小农经济思想，在华人的行为习惯中还是很明显的，例如高额的存款和超长工作时间。南非土著居民没有大量可以作为抵押的固定资产，为了刺激消费产生了无抵押贷款市场，形成了积极的消费习惯。

非洲国家消费观的目的在于促进生产的发展，以重商为主。在白人主流社会的享乐主义影响下，南非也形成了这种特别的消费习惯。而中国的传统是讲求“修身为本、以俭养德”，在意识上排斥骄纵享乐。

欢乐的葬礼

赴尼日利亚公派教师　吴群彬

一位尼日利亚同事的母亲过世(享年80岁),邀请我们几位中国老师去参加葬礼。葬礼先在教堂里举行,牧师们和其他人为死者祈祷(祈祷死者升入天堂)。教堂活动之后,一些人会把棺材抬到死者生前所住的院子里,在简单的祈祷仪式之后,众人将死者安葬在院子里,并立下墓碑。接下去所发生的事情,令我们所有在场的中国老师愕然和惊叹:死者家属安排一些庆祝活动,众人有送礼送钱的,也有空手而来的,吃吃喝喝表示庆祝,最令人诧异的是还有歌舞表演,所有人有说有笑,场面十分喜庆,跟结婚一样热闹。这让我想起了庄子面对妻子的离世鼓盆而歌的场景，没想到现实世界中也存在这样的情景，实在令人惊叹和感慨。

由于尼日利亚南部地区的人民大多信仰基督教，他们认为人间只是短暂的停留，人死后会升入天堂，那才是永恒的归属，没有疾病、饥饿、悲伤，而且亲人们终会在天堂里相见，死亡是一件值得庆祝的事情。因此他们面对死亡时十分坦然与达观（尤其是死者年事已高时），可以称之为“欢乐的葬礼”。

在很多国家，葬礼都是庄严肃穆的，中国人甚至会哭灵，即使死者年寿已高、寿终正寝，亲人也会很悲伤。尼日利亚人面对死亡的这种超然和达观，很难为中国人所理解和接受。这种对待死亡的不同态度，实际上反映的是中尼两国人民宗教信仰的差别。

在教学中，有些课程会谈论到人们面对死亡时的不同态度，这时老师需要向尼日利亚学生说明两国对于死亡态度的差异，提醒学生万一在中国参加葬礼时，神情一定要显得肃穆哀伤，千万不能露出愉悦的神色，以免造成文化上的误会和冲突。

红包与“白包”

赴尼日利亚公派教师　唐巧华

有一天，一位尼日利亚学生邀请我和其他老师去参加她的婚礼，我感觉很荣幸，也很兴奋，因为这是我们第一次参加尼日利亚人的婚礼，这对于我们来说不只是一次社交，也是一次很好的学习机会（可以了解当地的婚礼习俗）。

一提起去参加婚宴，中国人的第一反应就是送“红包”了。不过入乡随俗，对于没有参加过当地人婚礼的我们来说，应该先向当地人问清楚情况。我就找了几个学生，向他们了解到：尼日利亚参加伊博族婚宴的客人，可以给钱（也可以不给钱），如果给钱就要用一个信封把钱装起来。我就去市场找信封,想找一个红色的信封,可是找遍了整个市场,一直都没找到红色的。没办法,我只能给学生打电话,问问哪里有卖红色的信封。他说:“红色的信封?尼日利亚不用红色的信封的,我们一般用白色的信封。”“白色的信封?”我感觉很惊讶,我将信将疑,不过他是当地人,只能听他的了。结果到了婚礼那天一看,果然大家都是用白色的信封装钱。

中国红包与尼日利亚“白包”的差异,反映的是两国人民对于颜色寓意的不同理解。

红色:尼日利亚人不喜欢红色,认为红色代表着流血,是不吉利的颜色,因此他们大多不喜欢红色的东西(有位中国老师送给尼日利亚学生一件红色的礼物,学生却拒绝接受)。然而在中国人眼中,红色是吉利、吉祥的颜色,中国人喜欢红色的东西(红包、春联、剪纸等),中国国旗也是红色的。

白色:尼日利亚喜欢白色,国旗就是由绿色和白色组成的,白色象征着和平和统一,因此人们喜欢用白色的信封装钱。白色在中国既有好的寓意(纯洁),也有不好的寓意(葬礼时,穿白色的孝服)。我回国前,尼日利亚学生精心为我定制了一套纯白色的伊博族服装,因为全身是白色的，我除了在尼日利亚穿过一次，再也没有穿过（主要原因就在于通身白色的服装，一般只有参加亲人葬礼时才会穿）。

在教学过程中，教师应该跟尼日利亚学生说明，在中国和尼日利亚，白色和红色这两种颜色的文化寓意不一样，尼日利亚人更喜欢白色，中国人更喜欢红色。中国老师在尼日利亚，应该入乡随俗，适应当地的文化；尼日利亚学生到达中国之后，应该了解中国人对红色的喜爱，也要入乡随俗。

多子多福

赴尼日利亚公派教师　吴群彬

案例背景

在尼日利亚上汉语课时，有一篇课文叫《你家有几口人?》，在用“你家有几口人”造句时，学生的回答不尽一致，最少的说“五”，最多的说“十五”，其中说得最多的是“我有六个兄弟姐妹”，这令我惊讶。后来我发现尼日利亚人大都愿意多生几个孩子，难怪是非洲第一人口大国。

我曾经被问过很多次：“吴老师，我听说中国实行计划生育政策？中国人是不是只能生一个孩子？”甚至会问：“如果生了双胞胎，要怎么办？”很多尼日利亚人对中国的计划生育政策十分不解，甚至很多人持反对意见，不过经过中国老师们的耐心解释，许多学生都能理解中国为什么实行这项基本国策。

分析原因

在生育观念上，尼日利亚人一般认为多子多福，观念类似于以前中国的“人多力量大”，而中国从 1978 年后开始实行计划生育政策，“少生优生”的观念已经深入人心。据美国中央情报局（CIA）统计，2014 年尼日利亚的总和生育率[①]（TFR，平均每个妇女在育龄期生育的孩子数）为 5.25，排名世界第 13 位，而中国的总和生育率为 1.55，排名世界第 185 位。[②]

首先，中国和尼日利亚总和生育率巨大差异的主要

① 总和生育率（TFR）是一个衡量妇女生育水平的综合指标，其计算的基本方法是将某年某地的育龄妇女各年龄别（通常为 15～49 岁）生育率相加而得的合计值。引自张青．总和生育率的测算及分析[J]．中国人口科学，2006(4)。

② 世界各国或地区总和生育率．中央情报局网站．https://www.cia.gov/library/publications/the-world-factbook/rankorder/2127rank.html.

原因在于中国实行计划生育政策。中国从1978年开始推行计划生育政策,“提倡一对夫妇只生育一个孩子”,[①]总和生育率此后急剧下降,“30年来计划生育政策的实施使中国总人口的规模少增加2亿多或3亿左右”[②],也极大地影响了人们的生育观念。

其次,一个国家或地区的总和生育率与社会经济发展水平成反比。一般来讲,社会经济发展水平越高,总和生育率越低,反之越高。我们可以从2014年美国中央情报局的统计数据中看出,在世界上最不发达地区非洲,绝大多数国家的总和生育率都比较高,位于世界前50名;而在世界最发达地区欧美,绝大多数国家总和生育率都比较低,位于100名以后。[③] 可见,社会经济发展水平影响到人们的生育观念,尼日利亚处于工业刚刚起步阶段(依然是农业社会),尼日利亚人的生育观念还较传统(农业社会“多子多福”观念),中国经过40多年的改革开放,社会经济得到快速发展,目前中国人倾向于少生优生。

另外,“一个国家的女性地位越高,这个国家的总和

① 于学军.中国计划生育政策三十年的回顾与评论[J]. China Population Today,2008(5).

② 王金营.中国计划生育政策的人口效果评估[J].中国人口科学,2006(5).

③ 世界各国或地区总和生育率.中央情报局网站. https://www.cia.gov/library/publications/the-world-factbook/rankorder/2127rank.html.

生育率越低。最不发达地区女性的低教育水平和妇幼医疗保障的滞后是这些地区高生育的重要原因，是造成女性为生育而牺牲经济利益表象的主要原因"[①]。尼日利亚女性社会地位较低，社会角色上主要是承担生育、家务，而中国女性社会地位相对较高，经济更加独立，倾向于少生育孩子。

---

① 刘琳. 女性社会地位与总和生育率[J]. 南京人口管理干部学院学报，2006(2).

发展中的东非文化

——we are humans

赴吉布提公派教师　李　印

我在东非之角的小国家吉布提任教两年，由于外方院长的挽留，并征得汉办及国内单位的批准，延期一年。两年多来，近距离与学生乃至与更多当地人的接触，使我有机会更全面地去观察和体会这个国家的人文地理、风土人情。

吉布提位于东非，但由于整个非洲大陆的文化、习俗都有相通之处，所以我们无论身处哪个国家，都习惯无形中把这个国家扩大化，不是说某个国家怎么样，而经常说非洲怎么样，在我的意念甚至表达中也常如此。非洲人爱说“We are humans”——我们都是人。他们说这句话的潜台词:不管中国人、日本人、法国人、美国人还是我们吉布提人,我们都是人。是人就有平等的地位,平等的思想。或许这是他们对自己长久以来受歧视命运的抗争,也或许感觉如今的非洲已非昨日,他们已有自信与世界其他国家平起平坐。不管怎样理解,可以肯定的是,当他们说“We are humans”时,心情一定是骄傲的。的确,回顾每个非洲国家的历史,无不曾为英、法、葡萄牙等国的殖民地,从开始独立到今日,也只不过几十年光景。例如吉布提,法属殖民地,1977 年独立,2017 年 6 月 29 日乃其 40 年独立庆祝日。其短短历史自然不能与我们沉积了几千年文明的东方古国相提并论,但它有其独特的文化异彩。

同样是 humans 的非洲人也懂得尊师重教,孝敬父母。正是由于他们的尊师,使我两年多来的国外教学生活承载了很多的快乐、满足,也促使我在传播汉语言文化知识的路上更加卖力。当然,与中华文化更多的差异还在于家庭理念、社交礼仪、饮食习惯、宗教风俗等众多方面。

家庭理念:吉布提 94%的人口是穆斯林,人口总数

90 多万，土地面积 2.3 万平方千米。这样的小国、少人口、大比例伊斯兰教徒，使得该国治安管理尤其好于周边。都说非洲每逢大选社会必乱，可吉布提 2016 年大选倒是出奇得安静。总统依然还是那位总统，臣民依然是那些安静的臣民，日子还是照旧。国治则民安，老百姓乐得安定的生活。人口至上是他们家庭理念的第一步。伊斯兰教不允许人为的计划生育，一个男人可以同时娶不超过 4 个妻子，于是，毫无控制的人口大家庭比比皆是。当地人经常自豪地讲："Baby? No problem, seven, eight, nine, ten... as you want."言下之意：想生多少随你咯！故而经常听到我的学生左一个 uncle，右一个 cousin，搞不清是什么叔叔伯伯，还是婶子阿姨，抑或是堂姐表弟，还是表哥堂妹？哇！总之亲戚一大堆啦。随便看个当地新闻，时不时有人站出来说："看，电视里那个女人是我 uncle 的 sister。"我真感觉，他们上街走一圈，肯定十步一个熟人，五十步一个亲戚。记得跟随学生去参加她表哥的婚礼，婚礼上另一名学生还有一个熟人也来参加，顿感凑巧，原来新娘是他们的 cousin。这便是吉布提的亲戚们，热闹非凡吧。那么接下来问题来了，你大概会问："非洲尚且落后，如此多孩子父母怎么供养？"我有一个学生讲，他爸有 3 个妻子，他妈是大老婆，生了他在内的 10 个孩子，二老婆和三老婆各有 5 个孩子，不排除继续生产的可能，家庭现有人口 24 人。我不禁问道：你爸和妈妈们是干什么工作的？他的回答出乎意料：爸爸没工作，三个妈妈分别是保安、清洁工、无业。那怎么生活呢？他眨了眨眼，神秘而又有点骄傲的样子："老师，您不知道，我们穆斯林人亲如兄弟，有困难你只管开口，亲戚朋友必然帮。"孩子们小时候吃穿不够，可以找 cousins，uncles，aunties 借一借，当然这种"借"是不带"还"的那种。在吉布提人看来，如果你有能力不帮我，那你就不够哥们，你会遭周围人的谴责。此种压力下的"富人"总能慷慨解囊，并且从不问钱的去向和用途，或许也不指望能见到回头钱吧。

社交礼仪：非洲人受所属国社交礼仪的熏陶，倒是有些许绅士之态，又受穆斯林男女有别的教规约束，一些可爱又可笑的场景时时上演于大街小巷。或许是由于上文提到的互帮互助吧，他们的人际交往显得格外亲密，施过帮助的和受过帮助的 brothers 见面更加 brothers 。先是老远扬臂高呼，待互相走近，便亲热地拥抱贴面，同时伴随咋咋声，以示亲昵。紧接着，程序式问候双方各来一遍:你好吗？你爸爸好吗？你妈妈好吗？你的 baby 们好吗？你的爷爷奶奶好吗？——我很好,我爸爸很好,我妈妈很好,我的 baby 们也很好,我爷爷奶奶也很好。你呢,你爸爸妈妈、爷爷奶奶、老婆孩子好吗？隆重问候完毕,只见两哥们手拉手,胳膊挽胳膊亲昵地走上一程……说实在的,我好想知道中国男人看到此情此景会做何反应？

饮食习惯:说起非洲人饮食,少不了提到“手抓文化”。非洲人吃饭,一抓,二捏,三入口,动作娴熟,汤水不漏。有次受邀去 Balbala 区一户家庭参加聚会。由于当地经济条件有限,三个姐妹合资置办了这次筵席,可谓丰盛。主人非常好客,先是找人陪聊,待饭菜准备好,便招呼客人上席。所谓的席,不是传统意义上的餐桌,而是可着房间大小的一大块雨布铺展于地面,雨布上摆满盛满菜肴的盆盆碗碗,一套刀叉餐具闪闪发光,引起我的注意,凑前发现,商标还没来得及揭下,恍然大悟——因为我们这些外国客人的到来,主人特意新买的,要是他们当地人,根本用不着这些。待客人入席,女主人上前为客人一一施行洗手礼,端一壶清水,轻轻冲倒,下接一脸盆,递上毛巾擦手。洗毕,主人便引导大家席地而坐,年龄最大最尊贵的客人被指引坐在里面靠墙的地方，细心一点就会发现，原来墙根处专门放置了几个沙发靠垫，可供客人随时将胳膊身体支在上面，而坐在外面的就没有这种待遇了，这有点像我们汉族人以北为上，满族人以东为上的习惯吧，他们只不过以墙根为上……看到美国籍的客人随意抓起食物，丝毫没有用刀用叉的意思，我一瞬间有点犹豫，真的要“抓”吗？唉，入乡就随俗吧，我和朋友扭扭捏捏地效仿起来。过程自然有些不爽，手上油腻腻，想拍张照片，也不方便掏手机，想想算了吧。虽然没有“手抓饭”时刻的记录，但觉得自己正在努力融入当地人生活，主人脸上时不时露出赞赏的表情，我知道这是对其文化的认可而给予我们的相应回报。其实细想起来，我们国家少数民族地区也有手抓羊肉、手抓大饼，既然这样，手抓米饭、手抓面条也没什么不可以。

宗教习俗：最后说一下宗教习俗下的穿着文化。衬衫、长裤、西装自然是男性正式场合下的着装。由于天热，一年到头，T恤衫、短裤为休闲服饰。但更有特色的是非洲人的传统服饰——男性桶裙。随便拉一块布，屏住呼吸，围腰一匝，一裹一掖，布料便形成桶状，动作麻溜，行走自如，看到他们，你会明白，裙子并非女性专属。

而女性外出，须着装严谨，头戴纱巾，丝毫看不见头发，衣服里外三四层，最外面还要罩长袍，真是委屈了她们，如此炎热的天气还要负重累累，汗流浃背。由于袍子太长，走路极为不便，于是满大街女人几乎同一个姿势，都用一只手提着裙摆（还不能提得太高，否则腿脚有可能露出来），另一只手携带物品。如若赶巧几个妇女并排走在一起，那你在后面可千万别着急，你想超过去吗？恐怕有点难，因为只看着她们左左右右地晃，却总也找不到穿过去的时机。不过，年轻女孩子的衣着偶见大胆开放。一次我的课堂上有女生居然穿半袖、未戴纱巾，这基本上是我第一次见到她们深藏不露的头发。我为之一惊，悄悄走到她跟前问："你穿成这样出来，可以吗？"别的同学也听见了，他们都看过来说："老师，没关系，长衣服是我们的 tradition，这样的衣服是 fashion。"噢，我明白了，爱美之心，人皆有之。在追求时尚的今天，爱美的非洲女生怎能不跟上世界的脚步呢？We are humans，时尚无国界。

吉布提就是这样一个带着浓郁宗教色彩但又不断被世界他国注入现代元素的开放性国家，一个传统与现代相结合的东非小国，一个可以接纳中、法、美、日、韩、印、阿拉伯的国家，它用良好的治安环境迎接每一位外国客人，用它炙热的土地拥抱着每一个志愿助其发展的友好之邦。我们相信，吉布提的发展之路将在以中国为首的友国帮衬下，走得更坚实，更深远。

从“他山之石”看中非文化异同

——尼日利亚“双石”游记启示

赴尼日利亚公派教师　苏桂梅

有幸到尼日利亚支教四年，其间利用难得的机会游览了尼日利亚两处奇石——祖玛岩(Zuma Rock)和奥鲁莫大石(Olumo Rock)，心中颇多感慨。俗话说，他山之石，可以攻玉，不自觉将之与国内的文化名胜景点相比较，从中粗略窥见中非文化的异同。

早听说尼日利亚有两处神异的石头，一为祖玛岩，位于首都阿布贾北部；一为奥鲁莫大石，位于我所支教学校所在的奥贡州(Ogun State)首府阿贝奥库塔市。两处景点一远一近，我是先远后近，于 2014 年初参观了祖玛岩，

2016年底游览了奥鲁莫大石。

参观祖玛岩(Zuma Rock)

祖玛岩是一块巨大的单体岩石，远远看去就像一只巨大的非洲象，它的海拔高度为1125米，地面突起高度为725米，被评为非洲七大奇迹之一。尼日利亚100奈拉钞票上的图像就是祖玛岩。我慕名参观时，如果不是我的司机兼导游远远就向我示意远处那座光秃秃的石头山就是祖玛岩，它根本就不会引起我的注意。因为在中国，这类光秃秃的石山太常见了，比它好看耐看的可以说比比皆是。司机满怀自豪地告诉我，祖玛岩是上天诸神洒下的一块神石，岩石的正面中央还浮现出一张神脸，尼日利亚人非常珍爱这块巨岩，把它视作自己国家坚如磐石的象征，他们相信祖玛岩确实拥有某种神秘的力量，护佑着周围的村落和人民，而尼日利亚人也不容任何外人侵犯和玷污这块巨石。司机还举例说，以前在祖玛岩的附近有一家酒店，本来靠近这个著名景点应该生意红火才对，但是这家酒店从建设开始，就遭遇一系列灵异事件。开始施工时接二连三地发生了建筑工人意外丧生的事件，好不容易把酒店盖好了，又有顾客莫名其妙地死在客房里，吓得再也没人敢光顾这间酒店，老板也溜之大吉，酒店就成了烂尾楼。根据当地人说法，这是因为酒店正好对着祖玛岩那张脸的朝向，从而冒犯了神灵，导致了不幸！

传说加上现实，使我不禁对这块神石产生了好奇。的确，远远看来，岩石中央浮现着一张人脸，鼻子以上额头以下清晰可见。更为神奇的是人脸的眼神幽深莫测，千百年来静静地注视着山下的苍茫大地。这眼神宛如蒙娜丽莎的微笑一样令人捉摸不透，既祥和又犀利，似怒还似笑，每个人看了感觉都不一样，也许这就是神石令人敬畏的地方吧。

远观后司机带着我又近距离沿神石山脚走了一圈，可惜看到的都是荒野和杂草，远外可见一些低矮的村落，它们像世外桃源一样，在神石的护佑下顺其自然地繁衍生息。

游览奥鲁莫大石(Olumo Rock)

游览路上，司机兴致勃勃地给我介绍大石的奇观，吹嘘着大石在奥贡州，尤其在约鲁巴民族心目中的重要地位。来到景区，我又是大失所望，和我想象盼望中的山清水秀的旅游风景区很不一样。整个景区用围栏围住，里面其实就只是一座小山——许多巨大的岩石连成一片，组成一座石头山。著名的奥鲁莫大石就静卧在半山腰。

沿着开好的山路拾级而上，眼前是石阶，两边是裸岩，不算陡峭，途中不时还能邂逅当地人散养的黑山羊，它们居高临下地看着你，表情懒散中带着肃穆，仿佛巨石的守卫者。在半山腰处站定回望，阿比奥库塔全貌在眼底铺陈开去，城市在热带独有的日头下懒洋洋地躺着，在热空气的激荡中浮沉。

来到大石头前，感觉它有些其貌不扬：一块巨大的石头，表面斑驳不平，悬空向外突出。石头下有一个岩洞，大约十几平方米大小，里面有一些坑坑洞洞。正在我质疑这样一块石头何以闻名尼全国乃至世界时，司机左拐右转带我到了两座小石头房子前，房子里供奉着十多尊色彩鲜丽的神人塑像，门前张贴的彩画介绍了奥鲁莫大石的历史，让我明白了其中的缘由。

最初阿比奥库塔的原住民是埃格巴人(Egba)。在一场抵抗外族侵略的战争中，埃格巴人的国王和贵族们把自己的妻子、儿女安置在这块大岩石内的洞穴里，洞穴中的洞坑有的用来储藏食物，有的则是生火做饭的灶坑。毫无疑问，这块大石头为埃格巴人提供了最好的庇护场所。战争胜利后，国王和战士们回到这块石头下，接回自己的妻儿，惊喜地发现他们毫发无损，因而深信巨石的力量是保佑他们战胜强大外敌的最主要原因。此后，埃格巴人在巨石下的平地处辛勤劳作，建立了阿比奥库塔这座城市。而奥鲁莫大石则成为高高矗立，默默庇护埃格巴人的神灵。

但更让我惊奇的是岩石里的原住民。奥鲁莫大石除了几十个在山下面维护景区的工作人员外，岩石上还居住着几十个原住民。进入大岩石的第一大坑洞，就看到一位妇女半裸着旁若无人地躺在石缝下午睡，小石头房子前坐着三位老年妇女，据说是最年长，也是地位最高的族首，小石头房子前面有一棵大树，树周围是一大块稍微平整的空地，树底下聚集着二十多个原住民，有男有女，有老有少，有坐着的，有躺着的，也有站着的，也许因天气热的原因，他们大多穿得很少，女人更是袒胸露乳，毫无羞涩之色。其他还有些零零散散地分别躺在岩洞里。他们生活非常简单原始，小岩石缝就是他们的家，没有床，没有任何家具，甚至没有炊具，完全靠政府的一点生活补助或游人的施舍维持生活，日常就吃点面包之类的现成食物。他们已经完全和山石融为一体，成为大岩石景观有生命的活体部分。

奥鲁莫大石的确是一个引人注目的历史悠久且有趣的自然景观，它保存了阿贝奥库塔的美丽传说和历史，尤其是土著居民不愿走出大石山，世世代代生活在岩洞里，使这座历史景观有了鲜活的标本。

在中国，奇山异石可谓数不胜数，名胜古迹也俯拾皆是，从游览尼日利亚两处奇石，不难看出中尼在对待历史人文景观上的文化异同。

相同之处

（1）都对历史文化遗迹产生自豪感。尼日利亚司机是当地人，一说起祖玛岩就眉飞色舞。在整个尼日利亚，提起祖玛岩可谓无人不知，无人不晓，全尼日利亚人都将祖玛岩奉为心中的神石；而在中国，“谁不说俺家乡好”，凡是邀请朋友到家乡玩，对家乡的名胜古迹都是知无不言、言无不尽。这种对祖国和家乡拥有的历史文化的自豪感，应是地球人的共性。

(2)都赋予古老传说和神秘色彩。尼日利亚人说祖玛岩是上天诸神洒下的一块神石，拥有神秘的力量；而奥鲁莫大石也同样具有神秘的力量，能保佑当地人民战胜强大的外敌。在中国，几乎每山每水，每一处风景名胜古迹，都有一个优美的传说，但凡有传说，就神秘莫测。

(3)对神灵具有与生俱来的敬畏和膜拜。尼日利亚人也不容任何外人侵犯和玷污这块祖玛石，奥鲁莫大石是庇护埃格巴人的神灵，在当地人心中具有神圣的地位。在中国，“自古名山僧占多”，逢山必有寺庙，有寺庙必供神佛。对神灵具有与生俱来的敬畏和膜拜，这一点东西方都是相同的。

不同之处

(1)文化基因不同。很多中国人初见祖玛岩都觉得索然无趣,因为它太单调了,简直是顽石一块!这块石头假如放在中国,可能早就不是这个模样了。祖玛岩能原汁原味保留下来,毫无人工痕迹,应与尼日利亚人的民族基因有关。尼日利亚人能歌善舞,精力旺盛,但是随遇而安、率性生活,遇上高兴的事手舞足蹈一番便罢了。中国人内敛,不太直接表露情感,而是通过其他载体来寄托愿望和思想,如文人吟诗作对,填词谱曲;工匠千锤万凿,刻影雕像;画家浓墨重彩,丹青挥洒。所以走遍中国的山水,处处可见人工留下的作品或痕迹,中国自然景观大都成了人文景观。从景观上的人文色彩可以看出,中尼两国的文化基因截然不同。

(2)文化的同化力不同。奥鲁莫大石在当地人心目中具有神圣的地位,但埃格巴人千百年来竟然世代生活在石头下,自生自灭。山上山下,咫尺之间,文明与原始,喧嚣与蛮荒,天壤之别。中国虽然也有不少生活习俗与汉文明差别很大的村落或群体，但是挡不住文明的脚步，大部分已被汉文化同化。中国历史上汉民族曾被不同的民族入侵和统治，如蒙古族入侵中原建立元朝，满族人入关建立清朝，最后却都被汉文化同化了，可见汉文化强大的同化力！而在尼日利亚的奥鲁莫大石，在现代文明的包围中，埃格巴人依然选择近乎原始的生活方式，在现代文明的注视下，悠然自得，不得不说是一个奇迹。

(3)商业化不同。不管是祖玛岩还是奥鲁莫大岩石，周围没有商铺和酒楼，景区中也不见销售旅游产品的摊贩，一个国家甚至非洲的著名景区居然无半点商业气息。若在中国，随便大点的景点，无不是商铺连片、酒店林立；政府层面，则文化搭台，经济唱戏，吸引众人到本地方来旅游，拉动本地经济。而在尼日利亚景点，看不到自发的商业行为，也看不到政府为吸引游人而采取的措施，尼日利亚的经济还相对落后，这大概是经济基础决定上层建筑吧。

总之，尼日利亚的“石头之旅”让我看到了中非文化之间的较大差异，深深震撼于人类文明发展如此多姿多彩，引发我对非洲社会文明发展的关注，以及中非跨文化交际问题的思考。

马达加斯加的贴面礼

赴马达加斯加公派教师　黄　锦

马达加斯加人见面时会握手，这种国际通行的招呼方式在马国也是一样通行的，而且含义基本相同。但在更多的时候，马国人见面会使用贴面礼。这就是法语中所称的“bisou”，贴面礼并不是接吻，而是双方互贴脸颊。贴面礼，视情况而定，有时候是两下，有时候是三下。一般是先右边后左边然后再右边，贴面时，嘴巴还会发出“么么”的亲吻声音，来表示自己对对方的喜爱。

贴面礼一般是在关系较好的朋友和同事之间发生的。不过，第一次见面，还不是太熟悉的朋友之间，有时也会有贴面礼，是为了表示某种友好和欢迎。在对亲人和朋友表示祝福的时候，也常常会贴面，比如参加婚礼的时候，所有的宾客要排队逐一亲吻新娘和新郎，表示对婚姻的祝福；在生日聚会的时候，朋友们也会亲吻过生日的人。

2月的某天，我所教授的本科一年级二班，早上上课的时候，有同学告诉我："黄老师，今天我们班有个同学过生日。"中午接近12点，快要下课的时候，我提议全班给这个过生日的男生唱首中文的生日歌，大家高兴地唱着，有的学生甚至站起来跳着。不得不说，马国学生的音乐和舞蹈天赋是很好的，教室里一下子变成了欢乐的海洋。我把过生日的男生请到了教室的前面，接受大家的祝福。学生们纷纷送出了自己的祝福，有的是一个小礼物，有的是一包零食，有的是一个拥抱，当然更多的是 bisous（贴面礼）……在这种热闹的气氛中，有几个活泼的孩子开始闹腾起来了，说："老师，你还没有给他礼物呢。"我忙说："老师今天不知道是他的生日，明天我给他补一个小礼物，好吗？"孩子们哄了起来，他们中有人叫嚷着："老师不如给一个 bisous 吧！"这时，学生们中像炸开了锅一样，他们齐声叫嚷着："Bisous，bisous。"我一下子羞红了脸，心里开始忐忑起来了。虽然那时已经在马达加斯加工作近四个月了，但直接和一个年龄与我相仿的男生贴面，却是从来都没有过的事情。我吞吞吐吐地解释说，明天会给他礼物，他们却依旧不依不饶。最后，拗不过他们，我以一个拥抱来代替 bisous，人群里一片嘘声，然后这节课就这样结束了。

这就是一种典型的非语言交际的冲突。中国人和马达加斯加人的体触行为有所不同。在《中国和英语国家非语言交际》一书中提道："不同民族在公开交谈中的体触行为各不相同，有的极为频繁，有的却毫无体触行为。"对于刚到马达加斯加的我而言，刚开始可能不太习惯，没有那种意识要和一个陌生人去那么亲近地拥抱并贴面，当别人的脸凑过来的时候，甚至会下意识做出躲闪动作。如果在贴面时，肢体有躲闪的动作，会让别人不悦。因为身体反应会让对方觉得"你不喜欢他"，对他没有亲近感。

所以，在男学生要求我给的生日祝福是贴面的时候，我有一丝的犹豫和躲闪，甚至在最后选择了用拥抱来替代贴面，这样的动作和行为除了受自身的性格影响外，更多的是由于所受的中国传统文化的影响。公开的身体接触在中国所受的限制是极为严格的。当然，这种限制主要是指异性之间的身体接触。同性之间的体触，尤其是同性的年轻人的身体接触行为在中国人中是司空见惯的。在中国，年轻的女性，好朋友之间常常手拉手或者挽着手臂，这是被大家所接受和认可的，或者说是一种中性的表现。与此不同的是，在马达加斯加却很少看到成熟女性有手拉手的行为，只在小朋友之间才有。而异性之间的身体接触，尤其是年轻男女之间的接触，在马达加斯加却是一种很正常的状态，是一种中性的行为。中国人认为只有男女朋友、夫妻之间才可以牵手、接吻，且这些行为在中国有着严格的界限。在马达加斯加一切都显得很随意，他们那里的男女生，在街上一起走，常常会有男生搂着女生肩膀的行为，甚至拥抱、亲吻的动作，而他们很多并不是情侣。

其实中国早在商周时期就形成了文明的礼仪规范，其中最有影响的是“男女有别”，由此在两性交往、身体接触等方面的体态语有严格的标准。异性间遵循“男女授受不亲”的原则，即便是情侣，在公众场合也不能表现得过分亲热，而马达加斯加因礼仪体制“松弛散漫”而显出不同的风貌，异性间身体亲密接触不必避讳，在公开场合男女拥抱、接吻更是常见的事。再者，马达加斯加曾长期受到法国的殖民统治，其文化上长期受到西方文化的影响，西方文化中的自由思想对男女界限相对宽松。

中马两国在体触行为方面的不同表现在于，中国人同性间体触频繁，异性间保持一定的距离；马达加斯加人则是异性间体触更为频繁。

(1)针对马达加斯体触行为的特点，对外汉语教师在课堂上，要对自己与学生的体触行为做出相应调整。马达加斯加属于高接触型社会，马国的贴面礼，这种近体的身体接触，没有性别的界限，这一点和中国人的体触是完全不一样的。中国师生之间讲究尊卑有序，学生在和教师接触时，一般会保持恰当的距离而不会过分亲密。中国学生请教老师问题的时候，和老师的距离较近，但很少有身体接触，特别是异性师生之间。马达加斯加学生这种跨文化的意识不是很强，学生向老师请教问题的时候，常常贴到老师的身上，他们觉得这很正常，因为他们不了解中国文化里的“男女有别”。因此在课堂上，教师要对中马体触差异及其原因进行普及，这样在师生交往中就能减少不必要的冲突。

(2)对外汉语教师还必须了解马达加斯加的礼仪和风俗习惯，关于触摸，在马达加斯加是有禁忌的。比如，马国人的头是不可以触摸的，马国人觉得头是神圣的身体部位，不能触摸。如果别人触摸了自己的头，是会带来厄运的，即使在课堂上，教师不小心碰到学生的头，也要道歉。